# Bruna Martinelli

# La forza delle donne
### Racconti

# Die Stärke der Frauen
### Geschichten

pudelundpinscher

# Indice

Prefazione **9**
Introduzione **19**
La fatica delle donne **27**
Le donne di casa mia **77**
    La nonna Felicita **77**
    La *ghidaza Lüisína* **81**
    La zia Teresa **86**
    La *Zíapia* **89**
La *Delàida*, la *Tilda* e la *Lüzíign* **127**
Ho trovato il diario di mia nonna **143**
La casa delle quattro sorelle **159**
Ritorno alla montagna **179**

# Inhalt

Vorwort **13**
Einleitung **21**
Die Mühsal der Frauen **49**
Die Frauen meiner Familie **99**
    Die Grossmutter Felicita **99**
    Die *Gotte* Luisina **104**
    Tante Teresa **110**
    *Tantepia* **113**
Adelaide, Matilde und Lucia **133**
Ich habe das Tagebuch meiner Grossmutter gefunden **149**
Das Haus der vier Schwestern **167**
Rückkehr in die Berge **185**

# Prefazione

# Vorwort

# Prefazione

*Quando a inizio anno parlo a genitori e allievi, nel solito benvenuto del direttore, dico che purtroppo la scuola ha sempre meno discipline manuali. Per questo nel tempo libero è importante sviluppare la manualità, praticare delle attività, possibilmente all'aria aperta, imparare ad appassionarsi. Una passione ci vuole: è essenziale che i genitori trasmettano ai loro figli un interesse che si possa poi coltivare per tutta la vita. Una passione nasce da dentro, nel profondo che risveglia emozioni e sentimenti.*

*Questo secondo libro di racconti di Bruna Martinelli, tanto atteso dai molti lettori che hanno apprezzato* Fra le pieghe del tempo*, nasce dalla passione per la montagna e per i funghi, che mio padre mi ha trasmesso fin da piccolo. Infatti nei primi anni Ottanta ho avuto la fortuna di scoprire il vecchio sentiero dei monti di Fuori, prima che fosse riattato. Sentiero difficile, selvaggio, in parte impraticabile e quindi frequentato solo da casciadòo e fungiatt. E un autunno, di quelli buoni per la raccolta di miceti, da Monteggia verso il piano, ho accompagnato Bruna a cercare funghi nei luoghi che lei conosceva, condividendo con lei le medesime passioni. Una giornata fortunata per i funghi, ma anche una giornata di ricordi, di storie, di personaggi, di commozione vissuta insieme. Sui ricordi di quella magnifica esperienza, ho chiesto a Bruna di riscrivere*

L'altra strada della fatica *(pubblicato nel libro* Fra le pieghe del tempo, *Dadò Editore, 2009) delineando con ricchezza di particolari i vari luoghi che si incontrano su questo erto sentiero, ma cercando di mettere l'accento sulle persone che dovevano percorrere questa strada.*

*Condividendo con l'autrice contenuti e forma della seconda versione, ci siamo resi conto che le persone, di cui si parlava nel racconto, erano quasi solo donne. Ecco quindi la necessità di un nuovo titolo, più adatto, che rendesse omaggio alle vere protagoniste dei molti lavori necessari, ma faticosi.*

*Il progetto diventa veramente concreto perché dall'amicizia con gli editori di* In den Falten der Zeit *(edition pudelundpinscher, Erstfeld, 2012), nasce un'altra idea: pubblicare un racconto tradotto contemporaneamente in tedesco per soddisfare sia i lettori italofoni, sia quelli di lingua tedesca. E forse anche per stimolare i numerosi viandanti che adesso possono percorrere il sentiero, sempre impervio, ma praticabile a chi è provvisto di buone gambe e non si fa impressionare dal primo tratto che toglie veramente il fiato.*

*Poi, come dice l'autrice «i ricordi sono come le ciliegie, una tira l'altra,» e così sono anche le idee. Ecco perciò il nuovo progetto di raccogliere altre storie di donne: racconti già scritti solo da rivedere, approfondimenti e rielaborazioni della prima raccolta, nuovi testi scritti quasi di getto sollecitando i ricordi delle donne di famiglia, ma anche delle tante compagne del proprio amato paese.* La forza delle donne *diventa così un progetto di collaborazione che coinvolge gli editori, il traduttore, chi riscrive i manoscritti e inserisce le note, chi si occupa della revisione dei testi e naturalmente l'autrice. Perché senza di lei, senza i ricordi di Bruna, senza la sua fluida penna questo libro non potrebbe esistere.*

*Appunto per questo motivo, per spiegare il titolo e quindi l'intera raccolta, credo che le parole migliori, più adeguate e anche più giuste siano quelle dell'autrice stessa che nell'introduzione racchiude in poche righe i pensieri, poi espressi in modi diversi nei vari racconti, de* La forza delle donne.

*Buona lettura!*

Giancarlo Verzaroli

# Vorwort

*Wenn ich zu Jahresbeginn als Schulleiter Eltern und Schüler willkommen heisse, sage ich jeweils, dass leider immer weniger manuelle Fächer angeboten würden. Umso wichtiger sei es deshalb, in der Freizeit manuelle Fähigkeiten zu entwickeln, sich nach Möglichkeit an der frischen Luft zu betätigen und zu lernen, sich für etwas zu begeistern. Leidenschaft braucht es, und daher ist es unerlässlich, dass Eltern etwas von dem, wofür ihr Herz schlägt, auf die Kinder übertragen, etwas, was sie ein Leben lang pflegen können. Begeisterung kommt von innen, aus der Tiefe, in der Gefühle und Empfindungen wohnen.*

*Dieses zweite Buch mit Geschichten von Bruna Martinelli – viele, die an* In den Falten der Zeit *Gefallen gefunden haben, erwarten es seit Langem – hat seinen Ursprung in der Begeisterung für die Berge und für die Pilze. Schon als ich noch klein war, hat mein Vater sie an mich weitergegeben. In den frühen Achtzigerjahren hatte ich dann das Glück, den alten, damals noch nicht wieder hergerichteten Fusspfad, der in die «monti di Fuori» emporführt, für mich zu entdecken. Es war ein anspruchsvoller, wilder, teilweise kaum begehbarer und deshalb nur von Jägern und Pilzsammlern benutzter Weg. Und dann, in einem Herbst, der reiche Pilzernte versprach, begleitete ich Bruna zwischen Monteggia und dem Talboden auf der*

*Suche nach Schwämmen zu ihren Plätzen, teilten wir doch dieselbe Leidenschaft. Es war ein Tag, an dem das Sammlerglück uns hold war, aber auch ein Tag der Erinnerungen, Geschichten, Gestalten und gemeinsamer intensiver Erlebnisse. An ihn erinnerte ich mich, als ich Bruna bat, die im ersten Buch enthaltene Geschichte mit dem Titel* Der andere Weg der Mühsal *neu zu schreiben und die verschiedenen Schauplätze, denen man auf diesem steilen Pfad begegnet, detailreich zu schildern, dabei aber besonderes Augenmerk auf die Menschen zu richten, die ihn einst begehen mussten.*

*Und als wir mit der Autorin über Inhalt und Form der zweiten Fassung einig waren, stellten wir fest, dass die Personen, von denen darin die Rede ist, fast allesamt Frauen waren. So drängte sich ein neuer, geeigneterer Titel auf, als Reverenz an diejenigen, die die eigentlichen Heldinnen vieler notwendiger, aber mühsamer Arbeiten gewesen waren.*

*Das Projekt nahm schliesslich Gestalt an, als sich aus der freundschaftlichen Beziehung zu den Verlegern von* In den Falten der Zeit *eine weitere Idee entwickelte: die Geschichte gleichzeitig auf Deutsch zu publizieren, um so italienisch- wie deutschsprachige Leserinnen und Leser zu erreichen. Und vielleicht auch, um die vielen Wanderer dazu anzuregen, den Pfad einmal unter die Füsse zu nehmen. Er ist heute noch recht unbequem, aber begehbar für Leute, deren Beine kräftig sind und die sich vom ersten anstrengenden Wegstück nicht entmutigen lassen.*

*Und wie sagt doch die Autorin so schön: «Mit den Erinnerungen ist es wie mit den Kirschen: Eine ruft nach der nächsten.» So verhält es sich auch mit den Ideen, und so entstand das Vorhaben, weitere Geschichten von Frauen zusammenzutragen: bereits geschriebene, nur noch zu überarbeitende Erzählungen; neue und vertiefende Fassungen von Geschichten aus dem ersten Buch; neue, in rascher Folge entstandene Texte mit Erinnerungen an die Frauen der Familie, aber auch an die vielen Kameradinnen aus dem geliebten Dorf.* Die Stärke der Frauen *ist so zu einem Projekt geworden, an dem verschiedene Personen direkt beteiligt sind: das Verlegerpaar; der Übersetzer; jemand, der die Manuskripte abschreibt und die Fussnoten einfügt; jemand, der die Texte lektoriert – und natürlich die Autorin. Denn ohne sie, ohne Brunas Erinnerungen, ohne ihre geschmeidige Feder gäbe es dieses Buch nicht.*

*Aus genau diesem Grund glaube ich, dass nichts den Titel und folglich die ganze Geschichtensammlung treffender erläutern kann, als es die Worte der Autorin selbst in der wenige Zeilen langen Einleitung tun. Besser lassen sich die Gedanken, die in den Geschichten auf je eigene Art zum Ausdruck kommen, nicht zusammenfassen.*

*Schöne Lesestunden!*

Giancarlo Verzaroli

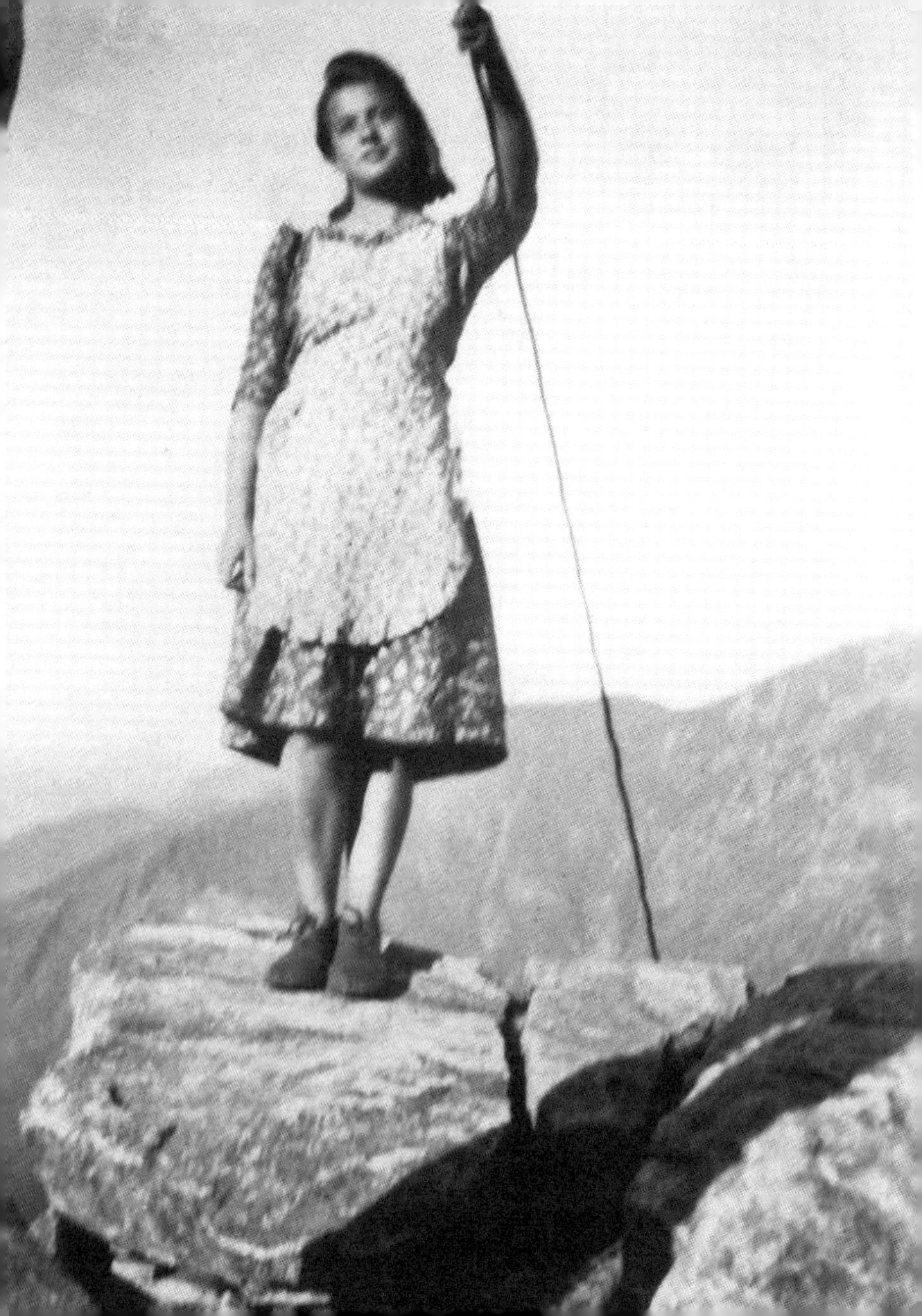

# Introduzione

# Einleitung

L'autrice e il filo a sbalzo (probabilmente a *Logröss*, nel 1940).
«Io invidiavo i miei cugini, perché loro almeno potevano imparare qualche cosa in più del lavorare la terra e accudire il bestiame. Per noi ragazze c'era poca scelta: il matrimonio, i figli, la casa e la campagna oppure, per chi non trovava marito, la vita con i genitori o con un fratello sposato, i figli non suoi e la campagna. Al massimo l'alternativa era il mestiere di sarta.» (p. 34)

Die Autorin und das Transportseil (wahrscheinlich in *Logröss*, 1940).
«Ich beneidete meine Cousins, denn sie durften noch etwas anderes lernen, als nur das Land zu bestellen und das Vieh zu hüten. Für uns Mädchen war die Auswahl nicht gross: heiraten, Kinder haben, im Haus und auf dem Feld arbeiten. Und für die, die keinen Mann fanden: bei den Eltern leben oder bei einem verheirateten Bruder, keine eigenen Kinder haben, auf dem Feld arbeiten. Als Alternative bot sich allerhöchstens der Beruf der Schneiderin an.» (S. 57)

# **Introduzione**

Mi ricordo di tante donne.

Nella mia vita ho incontrato molte donne con le lunghe vesti scure, le calze grosse e gli zoccoli. Donne con in testa sempre la pezzuola scura o a fiorellini blu, ma mai rossa. Il rosso era un colore completamente abolito negli abiti di un tempo. Massima concessione: un nastrino sui peduli della domenica.

Attualmente si parla tanto di uguaglianza tra uomo e donna. Mi sta bene, la trovo giusta. Mia nonna avrebbe detto che il mondo era diventato matto; a sentire lei, le donne dovevano ubbidire, lavorare, risparmiare e mai, mai starsene con le mani in mano. Ho visto donne con i ferri da calza in opera anche quando andavano in montagna. Per loro c'erano i carichi più pesanti e i lavori più noiosi. Tante erano considerate poco più delle bestie nella stalla.

Malgrado le donne avessero poca importanza nella società rurale di quei tempi, che alcuni osano chiamare idilliaci, una casa non poteva esistere se non c'era una madre o una zia o una nonna che ne prendeva le redini.

Parlerò solo di poche donne, anche se queste sono le storie di molte donne di quei tempi. E tante, tante altre storie potrebbero essere raccontate.

# Einleitung

Ich erinnere mich an zahlreiche Frauen.

In meinem Leben traf ich viele Frauen mit langen, dunklen Kleidern, dicken Strümpfen und mit Holzschuhen. Frauen, die stets ein dunkles oder blau geblümtes, nie aber ein rotes Kopftuch trugen. Rot war früher eine vollkommen ungebräuchliche Kleiderfarbe. Äusserstes Zugeständnis war ein kleines Band an den Sonntagsstoffschuhen.

Heutzutage ist oft von der Gleichstellung von Mann und Frau die Rede. Damit bin ich einverstanden, ich finde es richtig so. Meine Grossmutter hätte gesagt, die Welt sei verrückt geworden; ihrer Meinung nach mussten die Frauen gehorchen, arbeiten, sparen und durften nie, aber gar nie die Hände in den Schoss legen. Ich sah Frauen, die sogar auf dem Weg in die Berge das Stricken nicht liessen. Ihnen waren die schwersten Bürden und die lästigsten Arbeiten vorbehalten. Viele von ihnen galten kaum mehr als das Vieh im Stall.

Obwohl die Frauen in der ländlichen Gesellschaft jener Zeiten, die einige Leute als idyllisch zu bezeichnen die Stirn haben, wenig bedeuteten, konnte kein Haushalt existieren, wenn da keine Mutter oder Tante oder Grossmutter war, die die Zügel in die Hand nahm.

Ich werde hier nur von wenigen Frauen sprechen, auch wenn es die Geschichten zahlreicher Frauen jener Zeiten sind. Und viele, viele weitere Geschichten liessen sich erzählen.

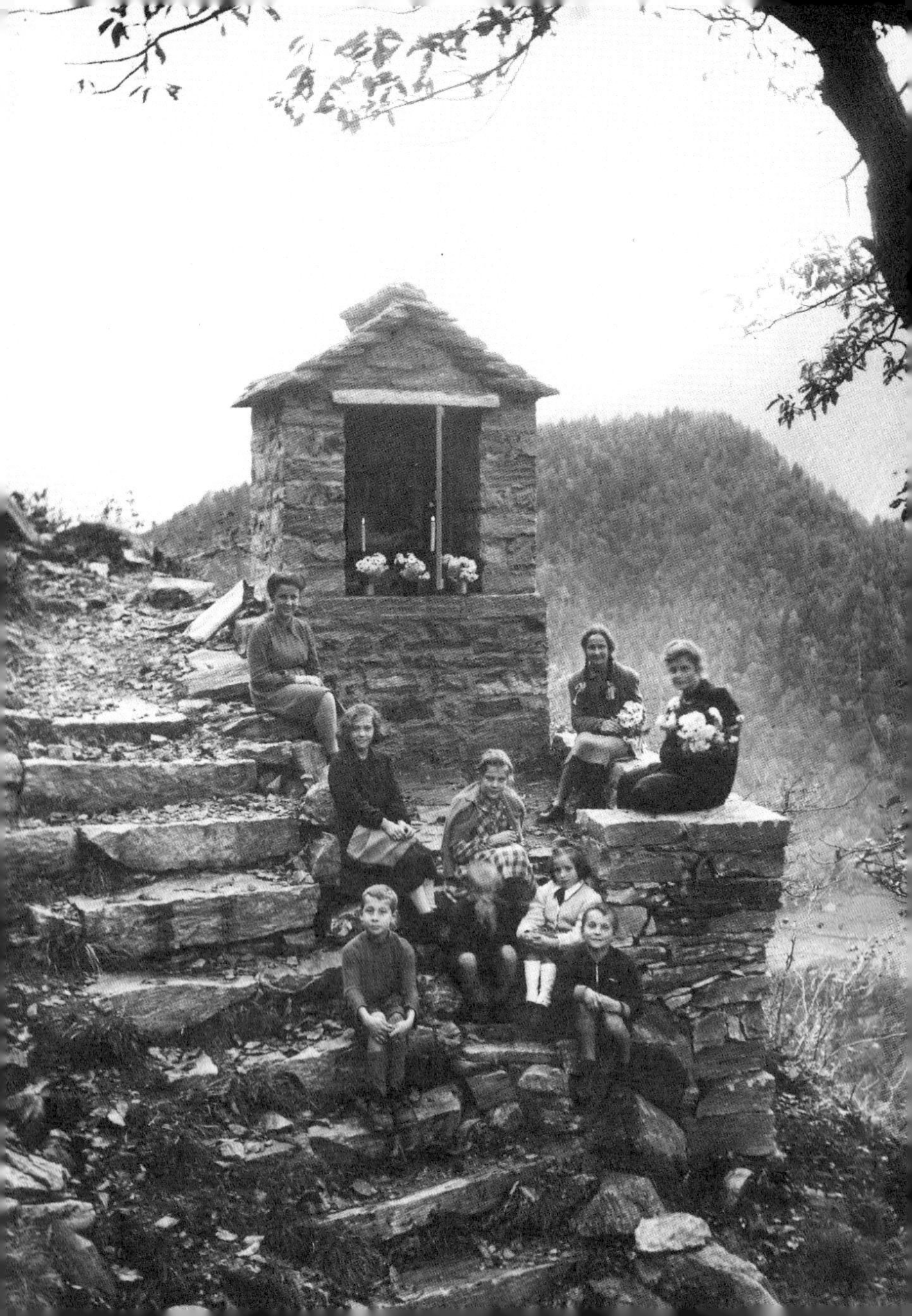

# La fatica delle donne

# Die Mühsal der Frauen

La *Capèla da Pontìd* (1944).
«Noi ragazze, che in primavera passavamo di lì due volte al giorno per andare a mungere le capre, abbiamo collaborato alla sua edificazione portando dal basso sulle cadole sabbia, malta per i muri e piode.» (p. 31)

Die Wegkapelle von *Pontìd* (1944).
«Wir Mädchen halfen beim Bau mit: Im Frühjahr kamen wir zweimal täglich hier vorbei, um die Ziegen melken zu gehen, und dabei trugen wir auf unseren Rückentraggestellen jeweils Sand, Mauermörtel und Steinplatten von unten herauf.» (S. 53)

# La fatica delle donne

Il mondo, in queste settimane di tardo autunno, è talmente bello e colorato che quasi bisogna chiudere gli occhi e poi riaprirli di colpo per rendersi conto che tale bellezza esiste veramente. L'autunno ci offre una grande gioia come uno squisito dessert dopo un pranzo raffinato. Poi arriveranno i giorni di nebbia. Fiori con erbe e foglie scompariranno e i caldi colori muteranno in toni grigi e marroni, fino all'arrivo della neve che cambierà il mondo ancora una volta.

Ora sono anziana.

Mi trovo spesso a parlare di quando lavoravo e, quasi per scusarmi dell'attuale inattività, continuo a raccontare di come a metà ottobre si saliva sui monti bassi a scuotere, con una lunga pertica, i rami dei castagni per farne cadere i ricci colmi. Si raccoglievano e si ammucchiavano in *risciad*[1] che, coperte di zolle e di piode, restavano sul posto per molti giorni in attesa che i ricci si ammorbidissero lasciando uscire le castagne fresche.

Per levare piode e zolle dalla *risciad* si saliva poi, se era possibile il 2 novembre al mattino appena giorno, dopo le funzioni dei morti in chiesa e al cimitero che era ancora avvolto nelle nebbie notturne. Si partiva: le donne con le

1   Ammucchiata di ricci

gerle ancora leggere, gli uomini e i ragazzi con i sacchi vuoti, ma tutti muniti di *un spisc*, uno speciale martello di legno adatto ad aprire i ricci ancora chiusi. A *Farcolèta*[2], come pure al *Màtro*[3], c'erano tanti buoni alberi di castagno ma le castagne più belle venivano raccolte *a Piagn Laurètt*[4]: erano grosse, di un marrone chiaro e con la buccia liscia come seta. Si tornava poi al piano carichi dei frutti tanto preziosi per la fame del lungo inverno.

Ora a *Farcolèta*, di quei castagni centenari e così generosi, resta solo il ricordo. Quelli che non furono tagliati ai tempi della guerra, dal Valota per produrre tannino o legna da bruciare, scomparvero tra le fiamme di un furioso incendio che, partito appena dopo Ponte Brolla, avviluppò tutta la parte bassa della montagna e si arrestò solo a *Valaa*[5] dove forse c'era ancora la neve. L'incendio lasciò dietro a sé muri anneriti e tronchi fumanti.

Ora la bellezza di quei posti rimane solo nei ricordi di chi l'ha vista e che forse non l'aveva nemmeno apprezzata perché era normale viverci dentro. Ma molto è rimasto impresso nella mia memoria ed è come se sfogliassi un album di vecchie fotografie che ritraggono i posti e la gente di allora.

2   Terzo monte salendo dalla Terra di Fuori
3   Promontorio sopra *Farcolèta*
4   Pianoro boschivo
5   Monte Vallà

*La Capèla di Gnèll*[6] posso ancora andare a vederla.

Ci giungo molto vicino con la mia Panda rossa perché è proprio all'inizio della strada che porta a quei monti, adesso in parte fantasmi. Per arrivare invece alla *Pïòda di Vidèll*[7] devo camminare per un po' su un sentiero sassoso con ai lati rovi e felci al posto dei vecchi castagni da tempo abbattuti. Giunta a quella roccia, non tanto alta ma resa scivolosa da una piccola vena d'acqua che scende dal pendio soprastante, devo aggirarla a sinistra per trovare il passaggio che mi porta oltre l'ostacolo.

Fin qui posso ancora arrivare, ma non più avanti, perciò mi fermo. Mi spiace farlo, ma le mie vecchie ginocchia invierebbero un forte sos difficile da ignorare. So che, dopo una piccola curva, troverei almeno i resti di quel grosso tronco di castagno già mezzo secco tanto tempo fa: *l Arbo di Calzèe*[8] dove i miei avi lasciavano nella sua cavità le calzature, zoccoli o peduli, per proseguire a piedi nudi sul sentiero che porta in alto. Mi accontento quindi di sfogliare il mio album immaginario per poter proseguire sulle orme di quei piedi nudi.

Dopo *l Arbo di Calzèe,* un tratto di strada quasi pianeg-

---

6   Cappella situata all'inizio del sentiero
7   Passaggio pericoloso soprattutto per il bestiame giovane
8   Castagno cavo, dove venivano lasciate le scarpe per salire a piedi nudi

giante porta alla *Vòlta ad zótt*[9], una curva stretta volta a sud da cui parte un sentiero poco marcato che mi ricorda il Marco perché è lì che fu rinvenuto il suo corpo appoggiato a una grossa pianta, morto a causa di una brutta caduta. Fu trovato da sua zia Palmira che dovette comunicarlo ai genitori, la Berta e il *Cech* dal *Córt zóra*[10], che da diversi giorni lo cercavano disperatamente. Il parroco ci aveva esortato a recitare un Requiem tutte le volte che passavamo.

Curvo a sinistra e arrivo presto alla *Vòlta zóra*[11] dalla quale vedo la frazione di *Vinzótt*[12]. Le sue case sono poco lontane, posso inviare un saluto a chi transita nelle stradette e mi ricordo di quando, in questo tratto di strada nelle serate di primavera, le donne che tenevano le capre in paese, come la Palmira, la Pia e la *Delfa*, venivano a chiamarle per riportarle in stalla per la notte.

E le chiamavano con quelle lunghe grida modulate *Vegn carina, uh uh, vegn bèla, sà sà, pinina*[13] e così di seguito, vezzeggiando le bestie. E le bestie correvano a prendere il sale per poi farsi rinchiudere e mungere. Anch'io ho chiamato così le mie capre e mai, nemmeno quando mi facevano

9 Denominazione di un tornante del sentiero che porta ai Monti di Fuori
10 Corte di sopra
11 Secondo tornante del sentiero
12 Terra di Fuori
13 Vieni carina, vieni bella, qui, qui piccola

arrabbiare perché non ubbidivano, ho osato urlare loro degli improperi come forse avrei desiderato fare: ma avevo paura che si offendessero. Svolto ancora verso sud e mi avvio su un tratto di sentiero fiancheggiato, nei miei ricordi, da maestosi castagni.

Salgo gli sconnessi gradini della *Scaladína*[14] e mi trovo davanti alla *Capèla da Pontíd*[15]. Questa cappella non l'hanno costruita i nostri avi come tutte le altre di queste montagne. Noi ragazze, che in primavera passavamo di lì due volte al giorno per andare a mungere le capre, abbiamo collaborato alla sua edificazione portando dal basso sulle cadole sabbia, malta per i muri e piode. Il Riccardo ha fatto il resto sotto la supervisione di Don Silvio che ne era l'ideatore. Noi ne eravamo orgogliose.

Finora ho camminato su strade sassose e gradini sconnessi ma *a Pontíd*, dopo la cappella, trovo finalmente un piccolo prato verde e pianeggiante dove l'erba è folta e i fiori sono numerosi perché il terreno è sempre umido. Pochi metri dopo questa oasi verde, incontro una grande roccia quasi piana dove, al riparo di una vecchia ringhiera arrugginita che salva dal pericolo di cadere nel vuoto sottostante, parte il sentiero che porta alla *Valègia*[16].

---

14  Piccola scala costituita da scalini di pietra
15  Cappella situata sulla strada che porta ai Monti di Fuori
16  Monte ripido e sassoso

Ma io non ci sono mai passata perché non c'era la necessità di farlo.

Nei miei ricordi non esiste quindi nessuna immagine di questa montagna. Qui la Giacomina, ragazza scura di capelli e di carnagione, insieme alla Ida, altra compagna di scuola e di lavoro, si separavano dal gruppo per recarsi verso le loro stalle. E fu proprio sotto quel sentiero che un giovane di Locarno venne a morire. Per le due ragazze non era certo piacevole passare in quel punto di morte. Ora, quando vedo la Ida che da mesi si trova in un letto e non mi riconosce più, penso che il destino a volte sia ingiusto. Ho mescolato il passato con il presente, ma è normale perché anche le immagini del mio album sono certamente diverse dalla realtà attuale.

Dopo il piccolo pianoro di *Pontíd*, il sentiero si arrampica fino alle bellissime *Pòss da Scalá*[17], una sosta obbligatoria dopo la fatica di questi altri numerosi gradini di pietra. Qui, nei pomeriggi della domenica, arrivavano le note della musica da ballo suonata nei grotti di Ponte Brolla. Forse sognavamo di esserci anche noi a volteggiare sulle piste fra le braccia di un bel ragazzo. Quello dei ragazzi, presunti o reali spasimanti, era un tema ricorrente fra le tante chiacchiere buttate al vento su quel sentiero di montagna. E si rideva, si scherzava e talvolta ci si arrabbiava per una parola di troppo.

17  Luogo di riposo per chi saliva

Ma tutto passava nel riprendere il cammino oltre il *Müdèe dala Delfa* dove crescevano degli strani fiorellini con la corolla formata da un ciuffetto bianco che sembrava fatto di seta. Il *Müdèe* è un piccolo prato in pendenza con il terreno sempre umido falciato tutti gli anni dalla *Delfa* che poteva così riporre qualche *gerlata*[18] di fieno in più nella sua stalla alla Selva. Lei viveva a *Vinzòtt* in una vecchia e oscura casa insieme ai suoi due fratelli: il *Cech* e il *Gin*. L'uno reduce da anni di emigrazione in America, su cui si bisbigliava, ma di cui nessuno e tanto meno lui, ne faceva parola. L'altro, il Gin, balbettava, sembrava perso e un po' svanito. Tutti e tre comunque erano burberi e poco sociévoli.

Arrivo al *Mött di Lèlar*[19].

Ai tempi c'erano querce e aceri che d'autunno si coloravano di rosso e proprio qui comincia la strada che porta al *Tòdan*[20]: un monte formato da un grande prato con in mezzo un solo edificio, dove c'è l'ultima *batüda*[21] del filo a sbalzo che scende da *Farcolèta* e porta in paese. Visto da sotto il *Tòdan* è un'enorme formazione rocciosa che, come un balcone sovrasta *Vinzótt* e sembra pendere pericolosamente sul capo dei suoi abitanti. Tant'è vero che la preghiera al patrono

18  Contenuto di una gerla
19  Promontorio ricoperto di edera come indica il termine dialettale (*al lèlar*)
20  Monte Todano
21  Punto di arrivo e partenza del filo a sbalzo

della frazione era così recitata «*San Defendente salvaci dal fuoco ardente, dal sasso pendente e dalla morte per accidente*».

Il *Tòdan* apparteneva a zio Ottavio, fratello della nonna, e veniva falciato una sola volta all'anno. Il fieno veniva tagliato al mattino presto, voltato e rivoltato per farlo seccare, in fretta messo nei sacchi e mandato al piano prima che si levasse il vento o anche solo l'aria di *zótt*, che sale verso le cinque dalla valle del *Ri grand*[22], altrimenti tutto il raccolto sarebbe volato via da quel prato curvo come la schiena di una pecora. Per fortuna per noi, al piano, di solito c'erano gli uomini a staccare le cariche e a portarle nei fienili.

La fienagione sui monti bassi era compito delle donne, delle ragazze e degli anziani. Già ai tempi della mia infanzia non si viveva più soltanto di agricoltura, così anche i ragazzi, finita la scuola d'obbligo, potevano imparare un mestiere. Di solito diventavano muratori, falegnami o scalpellini come i loro padri, pochissimi potevano scegliere di fare il meccanico o l'elettricista oppure trovare un posto come impiegato nelle ferrovie. Gli studi erano possibili solo ai figli dei benestanti. Io invidiavo i miei cugini, perché loro almeno potevano imparare qualche cosa in più del lavorare la terra e accudire il bestiame. Per noi ragazze c'era poca scelta: il matrimonio, i figli, la casa e la campagna oppure, per chi non trovava marito, la vita con i genitori o con un

22 Rial grande

fratello sposato, i figli non suoi e la campagna. Al massimo l'alternativa era il mestiere di sarta.

*Zìapia* raccontava che al tempo di sua madre, quando i figli erano tanti ed era difficile mantenerli, le ragazze venivano mandate, quasi bambine, al servizio delle case ricche del Locarnese. Succedevano anche casi di «sedotta e abbandonata» come quello della *Passalla*, così chiamata storpiando appunto il cognome del suo datore di lavoro. La poveretta fu buttata fuori di casa dalla moglie inviperita, con l'accompagnamento dei suoi stracci lanciati dalla finestra. E la *Passalla*, raccontava ancora la zia, sfoggiò per tanti anni quegli stracci fra i quali c'era un vestito lungo fino ai piedi e così ampio da passare a stento dalla porta della chiesa. Alcune di queste ragazze andate a servizio si sposarono con i domestici o con i carrettieri dei loro padroni, narrava la *Zìapia*, così avevano fatto le sorellastre di sua madre, figlie di quel *Lucón* vedovo che, per ben tre volte, si risposò subito dopo il funerale della povera moglie, per la necessità della famiglia, generando così una piccola tribù.

Ho divagato come al solito: i ricordi sono come le ciliegie, una tira l'altra, ma ora ritorno alla mia strada, essa pure un ricordo.

Eccomi a *Bèdola*[23], dove c'è l'ultima cappella su questa via di montagna. Allora era diroccata e da quando è stata

---

23  Monte Bedola (betulla), primo monte

riattata non l'ho più vista. A *Bèdola* parte un piccolo filo a sbalzo, sul quale ci appendevamo con un uncino di legno a cui era attaccata una corda, a sua volta legata a un bastone robusto da sostenerci sedute. Potevamo così assaporare la gioia di viaggiare nel vuoto con la soddisfazione di affrontare il rischio e di vincere la paura. Giorni fa ho visto alla televisione un programma sui boschi del Maine negli Stati Uniti dove, per accontentare i turisti più esigenti, si organizzano spedizioni con le persone appese a un cavo che attraversa una profonda vallata con dei boschi magnifici. Devo proprio dire che ho avuto nostalgia del mio piccolo viaggio tra *Bèdola* e il *Mött di Lèlar,* affrontato senza il loro sofisticato equipaggiamento di sicurezza, ma con il piacere di compiere qualcosa di proibito.

Fra *Bèdola* e *Galinèe*[24] c'è solo un piccolo tratto di strada su un ripido prato che bisogna attraversare con prudenza per non correre il rischio di scivolare fino in fondo. Se a *Bèdola* ci sono poche costruzioni, su questo monte invece le numerose stalle e cascine sono molto belle e c'è sempre ombra e fresco. I vecchi castagni, cresciuti chissà da quanti anni, formano un tetto verde dove gli scoiattoli curiosi spesso ammiccano fra i rami.

A *Galinée* si ferma la Silvia.

Qui c'è la sua cascina e le sue capre vengono a farsi mun-

---

24  Secondo monte che si incontra salendo

gere, anzi l'aspettano già ritte sulle rocce, scrutando il sentiero e ruminando tranquille. Poco avanti la strada si divide un'altra volta. L'Aurora, ragazza saggia, con le trecce bionde, che si arrabbiava quando per scherzo le cantavamo le prime righe del salmo svizzero, si separa dal resto del gruppo e se ne va verso il *Daranòo*[25], nome che dice tutto sulla qualità del luogo. Anche questa zona non è presente nel mio album dei ricordi perché non ho mai avuto la necessità di andarci. A quei tempi, la montagna veniva percorsa solo per motivi di lavoro e lì non c'era niente da fare per noi.

Siamo rimaste in due: mia cugina e io.

Quasi coetanea, Anita era per me come una sorella dato che una parte della mia infanzia l'ho trascorsa in casa sua, attirata dalla possibilità di combinare birichinate. Assieme ai cugini, formavamo infatti una banda che la zia cercava di far rigar dritto, non esitando a distribuire imparzialmente qualche scapaccione. Insieme a loro ho imparato ad arrampicarmi sugli alberi, a pescare nel torrente e a tendere le trappole per i ghiri. Ma ho appreso anche molti lavori come potare la vite, falciare il fieno, mungere le capre, fare il formaggio, tosare le pecore e tante altre cose che mi sono tornate molto utili più tardi. La giornata con loro era molto più interessante di quella di casa mia: con tutte quelle sorelle e con l'atmosfera triste che vi alleggiava.

25  Monte situato in zona soggetta a scoscendimenti

Arriviamo a *Farcolèta*: la nostra meta.

Potrei scrivere pagine intere su questo monte perché mi ci sentivo bene come se quello fosse il mio posto. Non aveva grandi prati, ma vi cresceva una buona erba. Appena dentro il muro di cinta, vicino al *canvètt*[26] per il latte, d'autunno spuntavano numerosi i più bei porcini della zona. Sorgevano due stalle per le capre, due fienili e lo stallino per i capretti. Come cascina c'era soltanto un posticino nel fienile più grande, nell'angolo vicino alla porta, separato dal resto della stalla dalla *strinciüra*[27]. Lì con il fuoco bisognava usare tanta prudenza. Prudenza che abbiamo invece trascurato quel giorno in cui, acceso un fuoco sul prato vicino per bruciare un mucchio di foglie e steli secchi, non badammo che fosse spento prima di voltargli le spalle. E il fuoco divampò. Noi due ne fummo terrorizzate e cercammo di spegnerlo senza successo. Poi ci affacciammo alla partenza del filo a sbalzo per il *Tòdan*, da dove si vedono le case di *Vinzótt*, a urlare chiedendo aiuto. Aiuto che arrivò nel minor tempo possibile e il fuoco fu spento prima che facesse troppo danno. Avevo delle scottature alle mani, i peduli bruciati e per molto tempo non ebbi il coraggio di accendere nemmeno un fiammifero all'aperto.

A *Farcolèta* maturammo.

---

26  Cascinotto per la conservazione dei latticini
27  Trave interna orizzontale che separa l'abitato dal fienile

Fummo obbligate a diventare di volta in volta levatrici, allevatori di capre, veterinari e purtroppo qualche volta anche macellai. Ma ci divertimmo anche, grazie alla cugina che riusciva sempre a reperire qualche cosa di buono: assaggiai per la prima volta il caffè solubile, così diverso da quello scaldato sul fuoco, e spalmai sul pane il latte condensato dolce.

Insieme a questi ricordi, il più vivo è quello degli odori.

C'era l'odore forte delle stalle caprine che si avvertiva già da lontano. Si sentiva il profumo fresco dell'erba tagliata in estate, di timo, menta, felci e quello forte del fieno secco riposto nei fienili. Ma il più caratteristico era quello del muschio bagnato dallo stillicidio sulla parete rocciosa che delimita la zona piana di *Farcolèta*, ai piedi della quale un mucchio di foglie secche e di ricci vuoti marciva con un odore ancora più greve e torbido. In primavera su quella grande roccia nei punti dove arrivava il sole e non correva l'acqua, i serpentelli grigi delle pietre si adagiavano a scaldarsi. Per lungo tempo anche l'odor di fumo e di cenere bagnata ci ricordò la nostra leggerezza.

Potrei continuare a parlare di *Farcolèta*, del *Lüca* che tagliava il fieno e ci sgridava se il lavoro era mal fatto, delle capre che conoscevo ad una ad una, dei capretti che si divertivano a correre in gruppo come bambini, ma devo continuare la strada che porta verso gli alpi.

Do uno sguardo al *Mátro*, situato a destra su un piccolo pianoro, appena sopra al sentiero che mi porterà ancora più su. E penso al *Lüca* che ho visto tante volte, appollaiato sull'incrocio dei rami di un grosso castagno, mentre con la solita lunga pertica percuoteva i ricci per farli cadere.

Qualche curva, qualche scalinata e arrivo a *Piagn Laurètt*.

Nessuna abitazione, ma è un bel pianoro, piccolo con tanti vecchi castagni che davano dei frutti grossi e buonissimi. Anche questo era un buon posto per funghi, adesso non so, forse ci saranno rovi e felci. Ancora un po' di salita, la strada ora passa in mezzo ai macigni di un'antica frana dove fra le pietre crescevano tanti alberi di nocciole belle grosse chiamate *valan*.

Aggirato l'ultimo macigno, varco l'apertura del muro che circonda *Valaa*.

È una bella conca verde con poche costruzioni situata più in alto del sentiero che percorro. Non ho mai visto nessuno abitarci. Soltanto al tempo della fienagione la Maria, l'Elvira e forse anche la *Sílvia do Geni* scendevano da *Montègia*[28] per tagliare e raccogliere il fieno.

Mia nonna invece diceva che c'era chi a *Valaa* teneva le mucche e mi raccontava come un tempo i matrimoni venissero celebrati al mattino presto con la sola presenza degli sposi, dei testimoni e dei parenti più prossimi. Alla mia domanda del perché di tanta segretezza, lei mi risponde-

---

28 Monteggia, ampio monte in pendio

va bruscamente che non era necessario fare tante storie per sposarsi. Di viaggio di nozze poi neanche a parlarne. Ci fu appunto una di queste coppie che, dopo la mattiniera e frettolosa cerimonia, partì lasciando sul tavolo della cucina dei genitori, dove avrebbero abitato anche i novelli sposi, un biglietto che diceva: «Siamo andati a *Valaa* a *ingrasciare*»[29]. Finalmente soli!

Ora comincio la salita che mi porterà a *Logröss*[30], situato su un poggio assolato dove ci sono delle belle costruzioni. Passo via in fretta, come facevo allora, perché non so per qual motivo qui la gente non era ospitale e nessuno mi ha mai invitato a entrare in cascina a bere il caffè come si usa in montagna.

Mi volto indietro soltanto per guardare a nord, verso il monte *Còsta* separato da *Logröss* dalla conca di *Valaa*. Le sue cascine sono costruite sul costone pianeggiante della montagna e, come da un balcone, guardano direttamente nella valle del *Ri grand*, verso i monti di dentro e più in su verso la Vallemaggia. So che un tempo diverse famiglie vi si recavano a falciare i pochi prati.

Io però mi ricordo solo della Lina: una giovane non tanto alta, robusta e silenziosa che faceva tutto da sola. Falciava e raccoglieva il fieno, lo serrava nelle tele da appendere al

---

29 Spargere letame
30 Monte situato su un promontorio

filo a sbalzo che, traccia dopo traccia, lo avrebbe portato fino al piano, dove ancora la Lina, nel frattempo scesa al piano, se lo caricava sulle spalle e lo portava attraversando tutto il paese fino al fienile nella Terra di Dentro.

Proprio in questi giorni Lina ci ha lasciati. Se ne è andata verso i «*grandi pascoli celesti*» come dicevano i pellerossa protagonisti dei libri di Ugo Mioni che leggevamo da ragazzi. Quando l'ho vista per l'ultima volta sembrava dormisse: il volto sereno, la pelle liscia, senza più le rughe della sofferenza. Ed io le ho detto: «Arrivederci!»

Proseguo verso i *Pörsc*[31].

Un monte che ricordo fresco e ombreggiato con una polla d'acqua sorgiva che ultimamente è stata incanalata nel nostro acquedotto, così che ogni volta che apro un rubinetto, so di ricevere in casa un soffio di montagna. Non vado ai *Pörsc*, è fuori dalla mia strada. Ho fretta di arrivare a *Montègia*. Ultimo posto dove la mia famiglia si fermava per lavoro. Ancora una piccola, ripida salita e intravedo le cascine.

*Montègia* è un luogo amato e odiato allo stesso tempo.

Amato per il suo bellissimo panorama e perché abitato da gente che ti fa compagnia. Vi si trova un'erba tenera da falciare, ma non c'è un prato che sia ben pianeggiante. Tutto è ripido. Anche la piccola fonte per attingere l'acqua è giù in

---

31  Monte Porco situato in zona ripida

fondo a una scaletta scavata nel terreno e devo riposare più volte prima di arrivare in cascina con il secchio pieno.

A *Montègia* lo zio Luca aveva molto terreno da falciare. Era lui che ci comandava e ci faceva sgobbare. Fra gli altri possedeva un prato che chiamava *Débacle*. Non so da dove arrivasse questo francesismo, ma quel posto era veramente un disastro, proprio odioso: particolarmente ripido e sempre zuppo d'acqua, al punto che eravamo obbligati a portar via il fieno appena tagliato. Eravamo noi ragazze a caricarlo nei gerli a stecche rade, scalze per non scivolare, con i piedi diventati prensili come quelli delle scimmie, a portarlo in un posto asciutto.

*Montègia* però era anche un luogo di giochi e di belle camminate. Quando gli adulti dopo il pranzo facevano un sonnellino, noi partivamo di corsa per arrivare all'alpe Vegnásca[32] a farci regalare una tazza di latte fresco. Oppure al mattino ci divertivamo a rompere le grandi ragnatele brillanti di rugiada per osservare quei grossi ragni, con una croce sul dorso, affrettarsi a ripararle. E che allegria la sera con le belle cantate in coro con l'eco che ci rimandava l'ultima parola!

Se butto via i pensieri delle fatiche, ho veramente bei ricordi di *Montègia*.

Rivedo tanti, tanti volti ormai scomparsi, di gente che c'e-

---

32 Alpeggio principale

ra lassù come la *Sílvia do Geni*, l'Elvira e la Maria, due sorelle già anziane a quei tempi. E poi la Lidia e la Giacomina che ogni tanto venivano a trovare il Luca, loro parente, per raccontargli gli avvenimenti del paese, anche se lui era un pessimo interlocutore perché rispondeva sempre con continui «*aè, aè*». Rivedo ancora la *Milla*, l'Ugo, il Guido, i cugini del *Cortásc*[33], il Palmiro e altri ancora.

A proposito del Palmiro c'è un fatto che non ho mai dimenticato. Lui era un bravo meccanico e aveva il pallino delle invenzioni. Qualche anno più tardi, passando da Monteggia, notai sul punto più alto della sua costa un palo con un'elica posta sulla cima. Al Palmiro domandai a cosa servisse quell'elica che girava, sospinta dal vento che in quel posto soffia continuamente. Lui mi parlò di fili, pulegge, dinamo e batterie con i quali sperava di ottenere un po' di luce per la sua cascina. Non ho compreso nulla delle sue spiegazioni, né allora né mai. So soltanto che, quando sento parlare di energia eolica, mi ricordo del Palmiro.

Monteggia adesso è cambiata e ci si può arrivare con la strada carrozzabile. Le cascine sono diventate casette. Non ci sono più diroccati, ma tanta gente d'estate si gode ancora la pace e l'aria fresca profumata da timo e menta che crescono ancora sui prati tenuti puliti dai villeggianti.

Continuo a camminare.

33 Gruppo di rustici di Monteggia

Arrivo in fondo al prato della *Brüsgiáda*[34]: un nome che parla di fuoco e incendi. In cima a questo prato vi ho sempre visto una sola cascina ancora in buono stato. In basso, dove mi trovo adesso, fiorisce l'arnica con i suoi bellissimi fiori giallo oro e più tardi i rododendri abbelliranno l'entrata del bosco che si trova proprio subito dopo la cascina.

La strada ora è pianeggiante e si inoltra in mezzo ai faggi. Pochi sono i tratti pericolosi e si può proseguire tranquillamente guardandosi attorno, specialmente in autunno perché anche questo è un buon posto di funghi.

Arrivo al *Zöö*[35].

Già allora soltanto una cascina e una stalla erano ancora abitabili. Il Luca ne era proprietario e noi vi alpeggiavamo le mucche per buona parte dell'estate. Era considerato un alpe, ma attorno ai caseggiati vi erano solo sassi. La caratteristica di questo luogo erano tre enormi abeti con il grosso tronco contorto che delimitavano, in basso, uno spiazzo ripido che, partendo dal muretto del sentiero davanti alla cascina, arrivava fino ai loro piedi. Questo spiazzo era interamente coperto da ortiche verde scuro che pungevano in modo terribile. Per questo, il giorno dell'arrivo lassù, il primo incarico per noi ragazze era quello di strappare le alte ortiche che crescevano davanti agli usci della cascina e del-

---

34  Alpe alla Brusada (bruciata)
35  Primo corte dell'alpe

la stalla. Non avevamo guanti, così infilavamo delle grosse calze di lana, che non sempre proteggevano abbastanza, ed eseguivamo il lavoro. Erano erbe veramente cattive che, se ti orticavano tanto, potevano darti anche la febbre. Come quella volta che i cugini, forse stufi del continuo frignare del fratellino, lo spinsero in mezzo a quegli steli pungenti. Il poverino si lamentò piangendo per tutta la notte e i cugini ebbero un bel castigo dalla madre.

L'altro lavoro prioritario era l'impastare sterco di mucca con cenere e terra. Poi, con quella specie di malta, chiudere le fessure dei muri della cascina. Quel lavoro mi piaceva perché era divertente far palle di quell'impasto e lanciarle cercando di centrare il bersaglio. Più noioso era pascolare le mucche, ma anche in quel caso c'era sempre la possibilità di trovare mirtilli o lamponi da gustare.

Il ricordo dell'alpe *Zöö* è associato a quello della sorellina Lia, morta a tre anni a causa di una meningite. Quando in quella mattina di agosto arrivò la zia con la gerla colma di provviste, con lei arrivò anche la notizia che la sorellina, da tempo malata, era volata in Cielo. La nonna piangendo si fece il segno di Croce e a voce bassa disse «Allora è stata lei, la piccolina, che stanotte mi ha svegliata bussando alla porta». Avevo sette anni e non ho mai dimenticato le parole della nonna. Anch'io fui certa che la piccola Lia, nel suo viaggio fra terra e cielo, si fosse fermata un attimo per salutarci.

Lascio l'alpe *Zöö.*

Andrò avanti ancora su una strada pianeggiante, ma fangosa a causa di un piccolo ruscello che l'invade. Poi le vecchie foglie morte sul terreno ridiventeranno fruscianti e il sentiero mi porterà dapprima al *Córt növ* e poi al *Córt vég*[36]: spiazzi erbosi, un tempo pascoli, assegnati per diritto d'erba ad alpigiane che ne pagavano l'affitto. La mamma mi raccontava che lo sconfinamento di chi non ne aveva l'autorizzazione provocava liti, a volte non solo verbali. Come quando due donne contendenti si pigliarono per i capelli finendo a rotoli in mezzo ai rododendri che, per fortuna, pungevano meno delle ortiche del *Zöö.*

Arrivo a *l Alp.*

All'Alpe Vegnasca ci sono salita anch'io ultimamente perché una comoda strada carrozzabile mi ha portata fin lassù. Il luogo non assomiglia più a quel posto di lavoro al quale si giungeva dopo circa tre ore di cammino. Alcune vecchie cascine e stalle sono diroccate, altre per fortuna sono diventate case di vacanza: sono contenta che sia ancora un posto vivo, anche se la realtà è cambiata.

Ma i ricordi resistono!

Quando passavamo da quelle parti, la zia *Delina* ci dissetava con una tazza di latte. Alpeggiava le sue mucche assieme a quelle della Piera che abitava poco lontano e che aveva

36 Denominazione di un corte dell'alpeggio di Vegnasca

come aiutante pastorella la figlia Ebe, allora ragazzina, che ancora adesso, dopo tanti anni, prova tristezza, ricordando quei lunghi mesi di fatica. Attraverso il prato, scavalco la valletta iniziale del *Ri grand*, che separa i *Mónt fòra* dai *Mónt dint*, e mi inoltro in un altro bosco di faggi.

Chiudo il mio album immaginario perché, per narrare della bellezza di questo bosco, ci vorrebbe una penna migliore della mia.

# Die Mühsal der Frauen

In diesen spätherbstlichen Wochen ist die Welt so schön und bunt, dass man fast die Augen schliessen und dann jäh wieder öffnen muss, um glauben zu können, dass diese Schönheit tatsächlich existiert. Der Herbst erfreut uns wie ein ausgezeichnetes Dessert nach einem vorzüglichen Essen. Dann kommen bald die Nebeltage. Blumen, Gräser und Blätter werden verschwinden, und die kräftigen Farben werden sich in Grau- und Brauntöne verwandeln, bis schliesslich der Schnee kommt und die Welt noch einmal verändern wird.

Ich bin jetzt alt.

Oft spreche ich nun von damals, als ich arbeitete, und sozusagen als Entschuldigung für meine gegenwärtige Untätigkeit erzähle ich dann, wie wir jeweils Mitte Oktober zu den unteren Maiensässen oder *monti*[1] hinaufgingen, wo

---

1 Die Bezeichnung «maggengo» für «Maiensäss» ist im Maggiatal ungebräuchlich (vgl. Donati, Armando: *Monti, uomini e pietre*. Locarno 1992, S. 13). Deshalb die Entscheidung, den italienischen Ausdruck «monte» (Plural «monti») auch in der Übersetzung zu verwenden und auf «Maiensäss» zu verzichten. Übrigens bezeichnet im Kanton Uri, dessen Dialekt das Wort «Maiensäss» ebenfalls nicht kennt, «Berg» analog ein Heimwesen, «das im Gegensatz zum festen Wohnsitz (im Tal) höher gelegen ist und normalerweise

wir mithilfe einer langen Stange die prallen Kastanienigel von den Ästen schüttelten. Diese Igel wurden eingesammelt und auf Haufen geworfen, die, mit Erdschollen und Steinplatten bedeckt, viele Tage liegen blieben, bis die Igel weich wurden und die frischen Kastanien freigaben.

Um Steinplatten und Erdschollen von den Haufen zu entfernen, stieg man später wieder hoch, wenn möglich am 2. November kurz nach Tagesanbruch und nach den Totengebeten in der Kirche und auf dem Friedhof, der noch in Nachtnebel gehüllt war. So brach man auf: die Frauen mit noch leichten Rückentragkörben, die Männer und die Kinder mit leeren Säcken, alle aber mit einem speziellen hölzernen Hammer ausgerüstet, mit dem sich die noch verschlossenen Kastanienigel öffnen liessen. In *Farcolèta*, dem dritten *monte*, wenn man von Avegno di Fuori aus zählt, aber auch auf dem *Màtro*, einer benachbarten Bergnase, standen viele gute Kastanienbäume, doch die schönsten Kastanien konnte man auf dem waldigen Plateau sammeln, das *Piagn Laurètt* genannt wird. Sie waren gross und hatten eine hellbraune, seidenglatte Schale. Schwer beladen mit diesen gegen den Hunger des langen Winters so nützlichen Früchten kehrte man ins Tal zurück.

nur für eine bestimmte Zeit im Jahr bewohnt und bewirtschaftet wird.» (Aschwanden, Felix: *Landschaft zwischen Wildi und Zäämi. Uri und seine Mundart.* Band 1. Altdorf 1994, S. 3.)

Diese jahrhundertealten, so freigebigen Kastanienbäume von *Farcolèta* sind heute nur noch Erinnerung. Die einen wurden während des Krieges durch *Valóta* zur Gewinnung von Tannin oder Brennholz gefällt, die anderen verschwanden in den Flammen eines gewaltigen Waldbrandes, der gleich hinter Ponte Brolla seinen Anfang genommen, sich dann über den ganzen unteren Teil des Berges ausgebreitet hatte und erst in *Valaa* zum Stillstand gekommen war, wo vielleicht noch Schnee lag. Das Feuer liess brandgeschwärzte Mauern und rauchende Baumstrünke zurück.

Nun lebt die Schönheit dieser Gegend allein in den Erinnerungen derjenigen weiter, die sie einst sahen und sie vielleicht nicht einmal zu schätzen wussten, weil es normal war, darin zu leben. Vieles aber hat sich meinem Gedächtnis eingeprägt, und es ist, als blätterte ich in einem Album mit alten Fotografien, die die Stätten und Leute von früher zeigen.

Die Wegkapelle von *Gnéll* kann ich noch besuchen.

Mit meinem roten Panda komme ich recht nah heran, denn sie steht gleich am Anfang des Weges, der zu diesen teilweise nur noch im Traum existierenden *monti* hinaufführt. Um hingegen die *Pioda di Vidèll*[2], den Kälberstein, zu erreichen, muss ich ein Stück weit auf einem steinigen Pfad gehen, den Brombeerranken und Farnwedel anstelle der vor langer Zeit gefällten Kastanienbäume säumen. Die-

---

2  Eine vor allem für das Jungvieh gefährliche Stelle.

ser Felsen ist nicht besonders hoch, doch ein oberhalb aus dem Hang tretender kleiner Wasserlauf macht ihn rutschig, und um das Hindernis zu überwinden, muss ich ihn links umgehen.

Bis hierher schaffe ich es, weiter aber nicht, darum bleibe ich stehen. Ich tue es nur ungern, aber meine alten Knie würden einen Notruf aussenden, der sich kaum überhören liesse. Ich weiss, dass ich nach einer leichten Kurve wenigstens noch die Überreste jenes grossen Kastanienbaumes vorfände, der schon damals halb verdorrt war: der *Arbo di Calzèe*, der «Baum mit den Schuhen», in dessen Höhlung meine Vorfahren ihr Schuhwerk – Holz- oder Stoffschuhe – zurückliessen, ehe sie barfuss den ansteigenden Weg weitergingen. Folglich begnüge ich mich damit, in meinem imaginären Album zu blättern, um auf den Spuren jener nackten Füsse weiterwandeln zu können.

Nach dem «Baum mit den Schuhen» führt ein fast ebenes Wegstück zur *Vòlta ad zótt*, einer engen, südwärts gerichteten Biegung, von der ein schwach ausgeprägter Fusspfad abzweigt. Der erinnert mich an Marco, dessen Leiche hier aufgefunden wurde. Nach einem schlimmen Sturz lehnte er tot an einem grossen Baum. Palmira, seine Tante, entdeckte ihn und musste den Eltern, Berta und Cech vom *Córt zóra*, die ihn seit Tagen verzweifelt suchten, die Nachricht überbringen. Der Pfarrer forderte uns auf, jedes Mal für den Toten zu beten, wenn wir dort vorbeikamen.

Ich wende mich nach links und komme bald zur *Vòlta ad zóra*, der zweiten Kurve. Von hier aus kann ich *Vinzótt* sehen, wie Avegno di Fuori auch genannt wird. Seine Häuser sind nicht weit entfernt. Wer durch eines der Gässchen geht, dem kann ich einen Gruss zurufen, und ich erinnere mich, wie einst die Frauen, die im Dorf Ziegen hielten – so etwa Palmira, Pia oder *Delfa* –, an Frühlingsabenden zu dieser Stelle des Weges kamen, um nach ihren Tieren zu rufen und sie für die Nacht in den Stall heimzuführen. Und sie riefen sie mit lang gezogenen, melodiösen, schmeichelnden Lauten: «*Vegn carina, uh uh, vegn bèla, sà sà, pinina!* (Komm, Süsse, komm, du Schöne, hierher, hierher, meine Kleine!)» und so weiter. Und die Tiere kamen hergerannt, leckten Salz und wurden dann eingesperrt und gemolken. Auch ich habe meine Ziegen so gerufen, und nie, selbst wenn mich ihr Ungehorsam ärgerte, wagte ich es, sie anzuschreien und zu beschimpfen, wie ich es gern getan hätte: Ich hatte Angst, sie könnten beleidigt sein. Ich wende mich noch einmal nach Süden und betrete einen Wegabschnitt, den in meiner Erinnerung majestätische Kastanienbäume säumen.

Ich steige über die wackeligen Steinstufen der *Scaladína*, einer kleinen Treppe, und stehe nun vor der Wegkapelle von *Pontíd*. Sie war nicht wie sonst alle in diesen Bergen von unseren Vorfahren erbaut worden. Wir Mädchen halfen beim Bau mit: Im Frühjahr kamen wir zweimal täglich hier vorbei, um die Ziegen melken zu gehen, und dabei trugen wir auf unseren Rückentraggestellen jeweils Sand, Mauermörtel und Steinplatten von unten herauf. Unter der Aufsicht von Don Silvio, dem Urheber, erledigte Ricardo dann den Rest. Wir waren stolz auf unseren Beitrag.

Bis hierher bin ich auf steinigen Pfaden und wackeligen Treppenstufen gegangen, doch in *Pontíd* treffe ich nach der Wegkapelle endlich eine kleine grüne, ebene Wiese an, wo das Gras dicht ist und die Blumen zahlreich sind wegen der ständigen Feuchte des Bodens. Wenige Meter nach dieser grünen Oase begegne ich einem grossen, fast flachen Felsen. Im Schutz eines alten, rostigen Geländers, das einen vor dem Sturz in die darunter sich auftuende Leere bewahrt, beginnt hier der Weg, der nach *Valègia* führt, einem steilen und steinigen *monte*.

Aber ich bin ihn nie gegangen, weil dafür keine Notwendigkeit bestand.

In meinen Erinnerungen gibt es folglich kein Bild dieses *monte*. Hier trennten sich Giacomina, ein Mädchen mit dunkler Haar- und Hautfarbe, und Ida, eine andere Schul- und Arbeitskameradin, von der Gruppe und begaben sich zu ihren Ställen. Und unmittelbar unterhalb ihres Weges befand sich die Stelle, die ein junger Mann aus Locarno aufgesucht hatte, um zu sterben. Für die beiden Mädchen war es bestimmt kein Vergnügen, diese Todesstätte passieren zu müssen. Wenn ich heute die seit Monaten bettlägerige Ida sehe und sie mich nicht mehr erkennt, dann denke ich, dass das Schicksal manchmal ungerecht ist. Ich vermische Vergangenheit und Gegenwart, aber das ist ganz normal, denn auch die Bilder meines Albums sehen sicher anders aus als die aktuelle Realität.

Nach dem kleinen, *Pontíd* genannten Plateau klettert der Weg zu den sehr schönen *Pòss da Scalá*[3] hinauf, einem Pflichthalt nach der Mühsal, die diese weiteren zahlreichen Steinstufen bereitet haben. An Sonntagnachmittagen stiegen die Klänge der Tanzmusik, die in den Grotti von Ponte Brolla gespielt wurde, bis hier herauf. Vielleicht träumten wir davon, auch wir würden in den Armen eines hübschen Jünglings auf der Tanzfläche Kreise drehen. Junge Burschen, mutmassliche oder tatsächliche Verehrer, waren häufig das Thema unserer wenig gehaltvollen Plaudereien auf diesem Bergpfad. Und wir lachten, wir scherzten, und manchmal brachte ein unbedachtes Wort eine von uns in Harnisch.

Aber das legte sich, wenn wir weitergingen und am *Müdèe dala Delfa* vorbeikamen, wo merkwürdige kleine Blumen wuchsen, deren Krone aus einem weissen, seidigen Haarbüschelchen bestand. Der *Müdèe* ist eine kleine, abschüssige, immer feuchte Wiese. *Delfa* mähte sie jedes Jahr und konnte so ein paar Kräzen Heu mehr in

---

3   Plätze für eine kurze Ruhepause.

ihren in der Selva gelegenen Stall einbringen. Sie lebte in *Vinzótt* in einem alten, dunklen Haus, zusammen mit ihren Brüdern *Cech* und *Gin*. Der eine war nach jahrelanger Emigration aus Amerika heimgekehrt, worüber allerhand geflüstert, aber nie von jemandem – und schon gar nicht vom ihm selbst – laut gesprochen wurde. *Gin*, der andere, stotterte, schien geistig abwesend und etwas verwirrt. Alle drei waren sie jedoch griesgrämig und wenig gesellig.

Ich komme auf dem *Mött di Lèlar*[4] an.

Einst standen hier Eichen und Ahorne, die sich im Herbst rot verfärbten, und genau hier beginnt der Weg, der zum *Tòdan* führt, einem *monte*, der aus einer grossen Wiese mit einem einzigen Gebäude in der Mitte besteht. Hier befindet sich die letzte Zwischenstation des Transportseils, das von *Farcolèta* herunterkommt und ins Dorf hinabführt. Von unten gesehen ist der *Tòdan* eine riesige Felsformation, die *Vinzótt* wie ein Balkon überragt und gefährlich über den Köpfen seiner Einwohner zu hängen scheint. Zumindest lautete das Gebet, das dem Schutzpatron des Ortsteils galt, folgendermassen: «Heiliger Defendens, bewahre uns vor dem sengenden Feuer, dem hängenden Felsen und vor dem Tod durch Schlagfluss».

---

4 Mit Efeu bewachsener Bergvorsprung (das Dialektwort «lèlar» bedeutet «Efeu»).

Der *Tòdan* gehörte Onkel Ottavio, dem Bruder der Grossmutter, und wurde nur einmal jährlich gemäht. Frühmorgens wurde das Gras geschnitten, dann mehrmals gewendet, um es zu trocknen, hastig in Säcke gestopft und ins Tal hinabgeschickt, noch bevor Wind aufkam oder auch nur das Lüftchen, das gegen fünf aus dem Tal des *Ri grand* (Rial grande) aufsteigt – die ganze Heuernte wäre sonst weggeflogen von dieser Wiese, die buckelförmig wie ein Schafsrücken ist. Zu unserem Glück standen unten im Tal gewöhnlich die Männer, um die Fuder abzuhängen und in die Heuschober zu schaffen.

Der Heuet in den unteren *monti* war Sache der Frauen, Mädchen und Alten. Schon in meiner Kindheit lebte man nicht mehr von der Landwirtschaft allein, und so konnten die Buben nach erfüllter Schulpflicht auch einen Beruf erlernen. Gewöhnlich wurden sie Maurer, Schreiner oder Steinmetze wie ihre Väter, sehr wenige hatten die Möglichkeit, Mechaniker oder Elektriker zu werden oder bei den Eisenbahnen eine Stelle zu finden. Studieren konnten nur die Kinder der Wohlhabenden. Ich beneidete meine Cousins, denn sie durften noch etwas anderes lernen, als nur das Land zu bestellen und das Vieh zu hüten. Für uns Mädchen war die Auswahl nicht gross: heiraten, Kinder haben, im Haus und auf dem Feld arbeiten. Und für die, die keinen Mann fanden: bei den Eltern leben oder bei einem verheirateten Bruder, keine eigenen Kinder haben, auf dem

Feld arbeiten. Als Alternative bot sich allerhöchstens der Beruf der Schneiderin an.

Wie *Tantepia* erzählte, wurden zur Zeit ihrer Mutter, als die Kinder zahlreich und schwer durchzubringen waren, die Töchter noch fast im Kindesalter als Dienstmädchen zu den reichen Familien des Locarnese geschickt. Es gab auch Fälle von «Verführten und Sitzengelassenen» wie etwa jene *Passalla* genannte junge Frau, die durch Verballhornung des Namens ihres Dienstherrn zu ihrem Spitznamen gekommen war. Dessen Ehefrau spie Gift und Galle, schmiss die Arme aus dem Haus und ihre paar Klamotten aus dem Fenster. Und mit diesen Klamotten, erzählte die Tante ebenfalls, soll die *Passalla* noch jahrelang herumstolziert sein. Darunter befand sich auch ein knöchellanges Kleid, das so weit war, dass sie damit nur mit Mühe durch die Kirchentür kam. Einige dieser Dienstmädchen, erzählte *Tantepia*, hätten die Diener oder Kutscher ihrer Herren geheiratet, auch die Stiefschwestern ihrer Mutter hätten es so gemacht, die Töchter jenes Witwers *Lucón*, der mindestens dreimal, kaum war die eine Frau begraben worden, im Interesse der Familie die nächste geheiratet habe und so zum Stammvater einer kleinen Dynastie geworden sei.

Ich bin wieder einmal abgeschweift. Mit den Erinnerungen ist es wie mit den Kirschen: Eine ruft nach der nächsten. Doch jetzt kehre ich auf meinen Weg zurück, auch er freilich nichts als eine Erinnerung.

So komme ich denn nach *Bèdola*[5], wo die letzte Kapelle dieses Bergwegs steht. Damals war sie verfallen, und seit dem Wiederaufbau habe ich sie nicht mehr gesehen. In *Bèdola* beginnt ein kurzes Transportseil. Daran hängten wir uns jeweils mithilfe eines Holzhakens, an dem ein Seil hing, während an diesem ein Stock befestigt war, kräftig genug, um uns darauf sitzen zu lassen. So konnten wir das Glück geniessen, in der Leere zu schweben, und gleichzeitig die Genugtuung haben, der Gefahr zu trotzen und die Angst zu überwinden. Vor ein paar Tagen sah ich am Fernsehen eine Sendung über die Wälder von Maine in den Vereinigten Staaten. Um auch die anspruchsvollsten Touristen zufriedenzustellen, werden dort Expeditionen organisiert, auf denen die Leute, an einem Drahtseil festgebunden, ein tiefes Tal mit grossartigen Wäldern überqueren. Ich muss wirklich sagen, dass ich da mit Wehmut an meine kleinen Ausflüge zurückdachte, die ich einst zwischen *Bèdola* und dem *Mött di Lèlar* unternommen hatte – ohne diese hochmoderne Sicherheitsausrüstung, aber mit der Lust am Verbotenen.

Von *Bèdola* nach *Galinèe* ist es nur ein kurzes Stück Weg. Es führt über eine steile Wiese, die man vorsichtig queren muss, will man nicht riskieren, bis ganz in die Tiefe zu rutschen. In *Bèdola* stehen nur wenige Gebäude, in *Galinèe*

---

5  «Bèdola», ital. «betulla», bedeutet «Birke».

hingegen sind die Ställe und Hütten zahlreich und schön, und es gibt viel kühlen Schatten. Die alten Kastanienbäume, die hier seit wer weiss wie vielen Jahren wachsen, bilden ein grünes Dach, aus dem oft neugierige Eichhörnchen unauffällig zwischen den Ästen hervorgucken.

In *Galinée* bleibt Silvia stehen.

Hier ist ihre Hütte, und ihre Ziegen kommen, um sich melken zu lassen, sie erwarten sie sogar schon auf den Felsen, von wo sie ruhig wiederkäuend und aufmerksam auf den Pfad hinabblicken. Wenig später gabelt sich der Weg ein weiteres Mal. Aurora war ein braves Mädchen mit blonden Zöpfen und wurde zornig, wenn wir vor ihr zum Spass die ersten Verse des Schweizerpsalms sangen[6]. Sie verabschiedet sich von der Gruppe und geht weiter in Richtung *Daranòo*. Der Name[7] sagt alles über die Beschaffenheit dieser rutschgefährdeten Gegend. Auch sie ist in meinem Erinnerungsalbum nicht vertreten, denn ich hatte nie einen zwingenden Grund, dorthin zu gehen. Damals durchstreifte man die Berge nur der Arbeit halber, und für uns gab es dort nichts zu tun.

Jetzt sind wir noch zu zweit, meine Cousine und ich.

Die fast gleichaltrige Anita war für mich wie eine Schwe-

---

6 «Aurora» bedeutet «Morgenrot».
7 Das Dialektwort «daranòo» bedeutet so viel wie «abgerutscht», «zusammengestürzt».

ster, verbrachte ich doch einen Teil meiner Kindheit bei ihr zu Hause. Einen grossen Reiz hatte dabei die Aussicht auf allerlei Streiche. Mit meinen Cousins zusammen bildeten wir eine richtige Bande, der die Tante beizukommen suchte, indem sie ohne Zögern und Parteinahme Hiebe verteilte. Mit ihnen lernte ich, auf Bäume zu klettern, im Wildbach zu fischen und Fallen für die Siebenschläfer zu stellen. Aber ich wurde auch mit verschiedenen Arbeiten vertraut: wie man Reben schneidet, Gras mit der Sense mäht, Ziegen melkt, Käse herstellt, Schafe schert, und mit vielen anderen Dingen, die mir später nützlich wurden. Mit ihnen den Tag zu verbringen, war viel interessanter als zu Hause, mit all diesen Schwestern und der traurigen Stimmung, die da herrschte.

Wir erreichen nun *Farcolèta*, unser Ziel.

Ich könnte ganze Seiten über diesen *monte* schreiben, denn dort fühlte ich mich wohl, so als sei das mein Ort. Grosse Wiesen gab es nicht, aber es wuchs gutes Gras. Noch innerhalb der Umfassungsmauer, neben dem Milchhäuschen, sprossen im Herbst die schönsten Steinpilze in grosser Zahl. Zwei Ziegenställe, zwei Heuschober und ein kleiner Stall für die Zicklein standen da. Anstelle einer Hütte gab es lediglich im grösseren der beiden Heuschober neben dem Eingang eine Ecke, die vom Rest des Raumes durch einen Querbalken abgetrennt war. Mit Feuer war hier höchste Vorsicht geboten. Eine Vorsicht, an der wir es hingegen fehlen liessen, als wir eines Tages auf der Wiese nebenan ein Feuer anzündeten, um einen Haufen dürre Blätter und Hölzer zu verbrennen, und nicht darauf achteten, dass es auch gelöscht war, bevor wir ihm den Rücken kehrten. Und das Feuer flammte auf. Beide erschraken wir zu Tode und versuchten es zu löschen, erfolglos. Dann zeigten wir uns beim Ausgangspunkt des Transportseils, das zum *Tódan* hinabführt, und riefen um Hilfe. Von dort sind die Häuser von *Vinzótt* zu sehen. Die Hilfe kam so rasch, wie es nur möglich war, und das Feuer wurde gelöscht, ehe es allzu grossen Schaden anrichten konnte. Ich hatte ein paar Brandwunden an den Händen, meine Stoffschuhe waren verbrannt, und noch lange getraute ich mich nicht einmal im Freien, ein Streichholz anzuzünden.

In *Farcolèta* wurden wir reifer.

Wir mussten je nachdem Geburtshelferinnen, Ziegenzüchterinnen, Tierärztinnen und einige Male leider auch Metzgerinnen werden. Aber wir hatten auch unseren Spass, dank der Cousine, die immer wieder etwas Gutes aufzustöbern wusste: Zum ersten Mal kostete ich löslichen Kaffee, der so anders war als der über dem Feuer gebrühte, und strich mir gezuckerte Kondensmilch aufs Brot.

Am lebhaftesten sind mir Gerüche in Erinnerung geblieben.

Da war der starke Geruch der Ziegenställe, den man schon von Weitem wahrnahm. Sommers lag der frische

Duft des gemähten Grases in der Luft, von Thymian, Minze oder Farn, und aus den Schobern roch es kräftig nach Heu. Doch am unverkennbarsten roch das vom Tropfenfall genetzte Moos an der Felswand, die den flachen Teil von *Farcolèta* begrenzt. An deren Fuss verrottete mit noch schwererem und dunklerem Geruch ein Haufen welker Blätter und leerer Kastanienigel. Auf dem grossen Felsen lagen dort, wo die Sonne hinschien und kein Wasser rann, im Frühjahr kleine, graue Schlangen und wärmten sich mit Behagen. Lange Zeit noch erinnerte uns auch der Geruch nach Brand und nasser Asche an unseren Leichtsinn.

Ich könnte nun weiter von *Farcolèta* erzählen, von Onkel Luca, der Gras mähte und uns ausschimpfte, wenn die Arbeit schlecht gemacht war, von den Ziegen, die ich alle einzeln kannte, von den Zicklein, die vergnügt und gruppenweise wie Kinder herumsprangen, aber ich muss den Weg fortsetzen, der zu den Alpweiden führt.

Ich werfe einen Blick auf den *Mátro*, der sich rechts über einem kleinen Plateau erhebt, unmittelbar oberhalb des Weges, dem ich weiter aufwärts folge. Und ich denke an Luca, den ich oftmals in einem grossen Kastanienbaum auf einer Astgabel sitzen sah, während er mit der üblichen langen Stange Kastanienigel zu Boden schüttelte.

Noch ein paar Kurven, noch ein paar Treppen und ich komme auf dem *Piagn Laurètt* an.

Kein Gebäude, aber ein schönes Plateau, klein und mit

vielen alten Kastanienbäumen bestanden, die grosse, köstliche Früchte schenkten. Eine pilzreiche Gegend war das ebenfalls – ob heute noch, weiss ich nicht, vielleicht ist jetzt alles voller Brombeerranken und Farne. Noch ein wenig bergauf, dann führt der Weg zwischen den Blöcken eines alten Felssturzes hindurch, wo inmitten der Steine Haselsträucher mit schönen, grossen, *valan* genannten Nüssen wuchsen.

Nachdem ich den letzten Felsblock umgangen habe, trete ich durch die Öffnung der Mauer, die *Valaa* umgibt.

Es ist eine hübsche grüne Mulde mit wenigen Gebäuden und liegt oberhalb des Weges, den ich beschreibe. Nie habe ich hier jemanden wohnen sehen. Nur während der Heuzeit kamen Maria, Elvira und vielleicht auch *Sílvia do Geni* von *Montègia* herunter, um Gras zu mähen und Heu einzubringen.

Meine Grossmutter hingegen sagte, in *Valaa* halte jemand Kühe, und erzählte mir, es habe eine Zeit gegeben, da seien Trauungen frühmorgens vollzogen worden, einzig in Gegenwart des Brautpaars, der Zeugen und der allernächsten Verwandten. Auf meine Frage nach den Gründen für so viel Heimlichkeit antwortete sie schroff, um zu heiraten, habe es kein grosses Getue gebraucht. Von einer Hochzeitsreise konnte noch nicht einmal die Rede sein. Eines dieser Paare brach nun nach der in aller Herrgottsfrühe hastig vollzogenen Zeremonie auf, und auf dem

Küchentisch der Eltern, bei denen auch diese Jungvermählten leben würden, hinterliess es einen Zettel, auf dem stand: «Wir sind nach *Valaa* gegangen, um Mist zu zetteln.» Endlich, endlich allein!

Nun nehme ich die Steigung nach *Logröss* in Angriff, wo auf einer sonnigen Anhöhe einige schöne Gebäude stehen. Eilig gehe ich vorüber, so wie ich es früher auch tat, denn ich weiss nicht, warum die Leute hier nicht gastfreundlicher waren und mich nie jemand aufforderte, zu einem Kaffee in die Hütte einzutreten, wie das in den Bergen Brauch ist.

Ich drehe mich nur um, damit ich nach Norden blicken kann, zur *Còsta* hinüber, einem *monte*, der zwischen *Logröss* und der Mulde von *Valaa* liegt. Seine Hütten stehen auf dem flachen Bergkamm. Von ihnen aus blickt man wie von einem Balkon direkt ins Tal des *Ri grand* und zu den talaufwärts gelegenen «inneren *monti*» sowie weiter das Maggiatal hinauf. Ich weiss, dass einst mehrere Familien dort die wenigen Wiesen mähen gingen.

Selbst erinnere ich mich aber nur an Lina, eine junge, nicht sehr gross gewachsene, kräftige und schweigsame Frau, die alles allein machte. Sie mähte das Gras und rechte das Heu zusammen, verpackte es in Tücher und hängte es ans Transportseil, das es, Abschnitt für Abschnitt, ins Tal befördern würde, wo Lina, inzwischen herabgestiegen, es sich auf die Schultern lud und durchs ganze Dorf zu ihrem Heuschober nach Avegno di Dentro trug.

Gerade in diesen Tagen ist Lina von uns gegangen. Sie hat sich in die «grossen himmlischen Weidegründe» begeben, wie die Rothäute in den Romanen von Ugo Mioni, die wir als Kinder lasen, zu sagen pflegten. Als ich sie zum letzten Mal sah, war es, als schlafe sie, das Gesicht war heiter, die Haut glatt, ohne die früheren Kummerfalten. Und ich sagte zu ihr: «Auf Wiedersehen!»

Weiter geht es in Richtung *Pörsc*[8].

Das ist ein *monte*, der mir als angenehm kühl und schattig in Erinnerung ist, mit einer Quelle, deren frisches Wasser seit Kurzem in unsere Leitung eingespeist wird, sodass ich zu Hause den Hahn jeweils im Bewusstsein aufdrehe, einen Gruss aus den Bergen zu erhalten. Ich gehe nicht nach *Pörsc*, es liegt nicht an meinem Weg. Ich möchte bald in *Montègia* ankommen, die letzte Station, an der meine Familie zum Arbeiten haltmachte. Noch eine kleine, steile Steigung, und schon kann ich die Hütten sehen.

Gleichzeitig geliebt und gehasst, das ist *Montègia*.

Geliebt für sein wunderschönes Panorama und weil es von Leuten bewohnt wird, die dir Gesellschaft leisten. Hier ist das Gras fein und lässt sich leicht mähen, aber es gibt keine schön ebene Wiese. Alles ist steil. Auch die kleine Quelle, aus der wir Wasser schöpfen, befindet sich ganz unten am Ende einer in den Hang gegrabenen kurzen

---

8  Monte Porco, also «Schweineberg».

Treppe, und ich muss mehrmals Pause machen, ehe ich mit dem vollen Eimer in der Hütte ankomme.

In *Montègia* hatte Onkel Luca viel Heuland. Er war hier der Chef und liess uns schuften. Unter anderem besass er eine Wiese, die er *Débacle* nannte. Ich weiss nicht, wo dieser Gallizismus herkam, doch war dieses Gelände tatsächlich ein Desaster, wirklich hassenswert: ganz besonders steil und immer so völlig durchnässt, dass wir gezwungen waren, das frisch gemähte Gras sogleich wegzuschaffen. Wir Mädchen mussten es in Kräzen oder Hutten mit weit auseinander stehenden Rippen füllen – ohne Schuhe, um nicht auszugleiten, mit Füssen, die sich festkrallen konnten, als seien wir Affen – und mussten es ins Trockene bringen.

*Montègia* war aber auch Schauplatz von Spielen und schöner Spaziergänge. Wenn die Erwachsenen nach dem Mittagessen ihr Nickerchen machten, liefen wir los, um uns auf der Alp Vegnasca eine Tasse frische Milch schenken zu lassen. Oder wir machten uns am Morgen einen Spass daraus, die grossen, tauglitzernden Spinnennetze zu zerstören, um danach die dicken Spinnen mit dem Kreuz auf dem Rücken dabei zu beobachten, wie sie sie eilends wieder flickten. Und was für eine Fröhlichkeit, wenn wir am Abend im Chor schöne Lieder sangen und das letzte Wort vom Echo zurückgeworfen wurde!

Schiebe ich die Gedanken an die Anstrengungen beiseite, habe ich an *Montègia* wirklich gute Erinnerungen.

Ich sehe viele, viele Gesichter vor mir, die inzwischen verschwunden sind, Gesichter von Leuten, die dort oben waren, so etwa *Sílvia do Geni* oder Elvira und Maria, zwei damals schon alte Schwestern. Und auch Lidia und Giacomina, die hie und da ihren Verwandten Luca besuchen kamen, um ihm zu erzählen, was im Dorf so vorging, auch wenn er ein äusserst schlechter Gesprächspartner war, antwortete er doch immer nur mit einem fortgesetzten «a-e, a-e». Ich sehe noch *Milla*, Ugo, Guido, die Cousins von *Cortásc* (eine Häusergruppe von *Montègia*), auch Palmiro und viele andere.

Zu Palmiro fällt mir etwas ein, was ich nie vergessen habe. Er war ein tüchtiger Mechaniker und leidenschaftlicher Tüftler. Als ich nach einigen Jahren wieder an *Montègia* vorbeikam, bemerkte ich auf dem höchsten Punkt des Bergkamms eine Stange mit einem Propeller zuoberst. Ich fragte Palmiro, wozu dieser Propeller denn gut sei, der vom dort ständig blasenden Wind angetrieben wurde. Er erzählte mir von Drähten, Rollen, Dynamos und Batterien, mit denen er etwas Licht für seine Hütte zu erzeugen hoffte. Von seinen Erklärungen habe ich nichts kapiert, weder damals noch später. Ich weiss nur: Wenn von Windenergie die Rede ist, dann denke ich an Palmiro.

*Montègia* hat sich inzwischen verändert und ist auf einer Fahrstrasse erreichbar. Aus den Hütten sind Häuschen geworden. Ruinen gibt es keine mehr, im Sommer aber geniessen wieder viele Leute die Ruhe, die frische Luft und den Duft von Thymian und Minze. Sie wachsen noch immer auf den von den Urlaubern gepflegten Wiesen.

Ich marschiere weiter.

Ich komme zum unteren Ende der Wiese der *Brüsgiáda*, deren Name von Feuern und Bränden erzählt[9]. Am oberen Ende der Wiese habe ich nie mehr als eine einzige Hütte in gutem Zustand gesehen. Unten, wo ich jetzt stehe, blüht wunderschön goldgelb Arnika, und später werden Rhododendren den Rand des Waldes schmücken, der sich gleich hinter der Hütte befindet.

Der Weg verläuft nun geradeaus und führt in den Buchenwald hinein. Gefährliche Stellen sind hier selten, und man kann in Ruhe weitergehen und sich dabei umblicken, besonders im Herbst, denn auch das hier ist eine gute Pilzgegend.

Ich erreiche *Zöö*, die erste Alpstufe.

Schon damals waren nur eine Hütte und ein Stall noch benutzbar. Onkel Luca war der Eigentümer, und wir liessen in *Zöö* während eines grossen Teils des Sommers unsere Kühe weiden. Der Ort wurde als Alp betrachtet, aber rund um die Gebäude gab es bloss Steine. Ein besonderes Merkmal dieses Ortes waren drei riesige Tannen mit knorrigen Stämmen. Sie begrenzten unterhalb ein steiles Stück Land,

---

9   Vgl. ital. «bruciare»: «brennen, verbrennen».

das bei der Wegmauer vor der Hütte begann und bis zu ihnen reichte. Es war zur Gänze von dunkelgrünen Brennnesseln bedeckt, die fürchterlich brannten. Wir Mädchen mussten darum am Tag der Ankunft hier oben als Erstes die Brennnesseln ausreissen, die vor der Hüttentür und der Stalltür wuchsen. Handschuhe hatten wir keine, so zogen wir uns Wollstrümpfe, die nicht immer ausreichenden Schutz boten, über die Hände und erledigten, was zu tun war. Es waren ungemein bösartige Pflanzen, die sogar Fieber machen konnten, wenn sie einen tüchtig erwischten. So geschah es, als die Cousins, vielleicht weil sie vom ewigen Gewimmer die Nase voll hatten, den kleinen Bruder in diesen ätzenden Nesselwald hineinschubsten. Der Ärmste weinte die ganze Nacht kläglich, und die Cousins bekamen von der Mutter eine hübsche Strafe.

Die andere vordringliche Arbeit: Wir mussten Kuhdung mit Asche und Erde zu einer Art Mörtel vermischen und dann die Ritzen der Hüttenmauer damit abdichten. Diese Arbeit gefiel mir, denn es war lustig, aus diesem Gemisch kleine Kugeln zu formen und damit Zielübungen zu machen. Viel langweiliger war es, die Kühe zu hüten, aber auch in diesem Fall gab es immer noch die Möglichkeit, Heidel- oder Himbeeren zu suchen und zu schmausen.

Mit der Alp *Zöö* ist die Erinnerung an Lia verbunden, die kleine Schwester, die mit drei Jahren an einer Hirnhautentzündung gestorben ist. Als die Tante an jenem

Augustmorgen mit der Hutte voller Vorräte eintraf, brachte sie auch die Nachricht mit, das seit Langem kranke Schwesterchen sei in den Himmel hinaufgeflogen. Die Grossmutter bekreuzigte sich weinend und sagte mit leiser Stimme: «Dann war es also die Kleine, die mich heute Nacht mit einem Klopfen an die Tür geweckt hat.» Ich war damals sieben Jahre alt und habe die Worte der Grossmutter nie vergessen. Auch ich war überzeugt, dass die kleine Lia auf ihrem Weg von der Erde zum Himmel einen Augenblick lang angehalten hatte, um sich von uns zu verabschieden.

Ich lasse die Alp *Zöö* hinter mir.

Auf einem noch eben verlaufenden Weg werde ich weitergehen. Er ist morastig, da von einem kleinen Bach überschwemmt. Danach aber rascheln die welken Blätter auf dem Boden wieder, und der Weg führt mich zuerst zum *Cort növ*, dann zum *Cort vég* der Alp Vegnasca: grasreiche Lichtungen, einstige Weiden, die Älplerinnen gegen einen Pachtzins zur Nutzung überlassen wurden. Bei Grenzverletzungen durch Leute, die kein Weiderecht hatten, sei es zu manchmal nicht nur mit Worten ausgetragenen Streitigkeiten gekommen, erzählte mir die Mutter. So etwa, als zwei rivalisierende Frauen sich buchstäblich in die Haare gerieten und sich am Ende in den Rhododendren wälzten, die zum Glück weniger schmerzhaft waren als die Brennnesseln auf *Zöö*.

Ich komme auf der Alp an.

Zur Alp Vegnasca bin auch ich kürzlich wieder hinaufgelangt, da eine bequeme Fahrstrasse mich bis zu ihr führte. Die Gegend hat nicht mehr viel gemein mit jener Arbeitsstätte, die man nach rund drei Stunden Fussmarsch erreichte. Einige alte Hütten und Ställe sind verfallen, aus anderen sind zum Glück Ferienhäuser geworden, und ich freue mich, dass der Ort noch belebt ist, auch wenn die Realität nun eine andere ist.

Doch die Erinnerungen bleiben!

Wenn wir hier vorbeikamen, stillte Tante Delina unseren Durst mit einer Tasse Milch. Sie sömmerte ihre Kühe zusammen mit denen von Piera, die in der Nähe wohnte und der ihre Tochter Ebe beim Hüten half. Damals noch ein kleines Mädchen, wird sie beim Gedanken an diese langen Monate der Mühsal heute noch traurig, so viele Jahre später. Ich durchquere die Wiese und den obersten Teil des kleinen, vom *Ri grand* geformten Tales, das die «äusseren *monti*» von den «inneren *monti*» trennt, und betrete wieder einen Buchenwald.

Ich schlage mein imaginäres Album zu, denn um die Schönheit dieses Waldes zu schildern, bedürfte es einer geübteren Feder als der meinen.

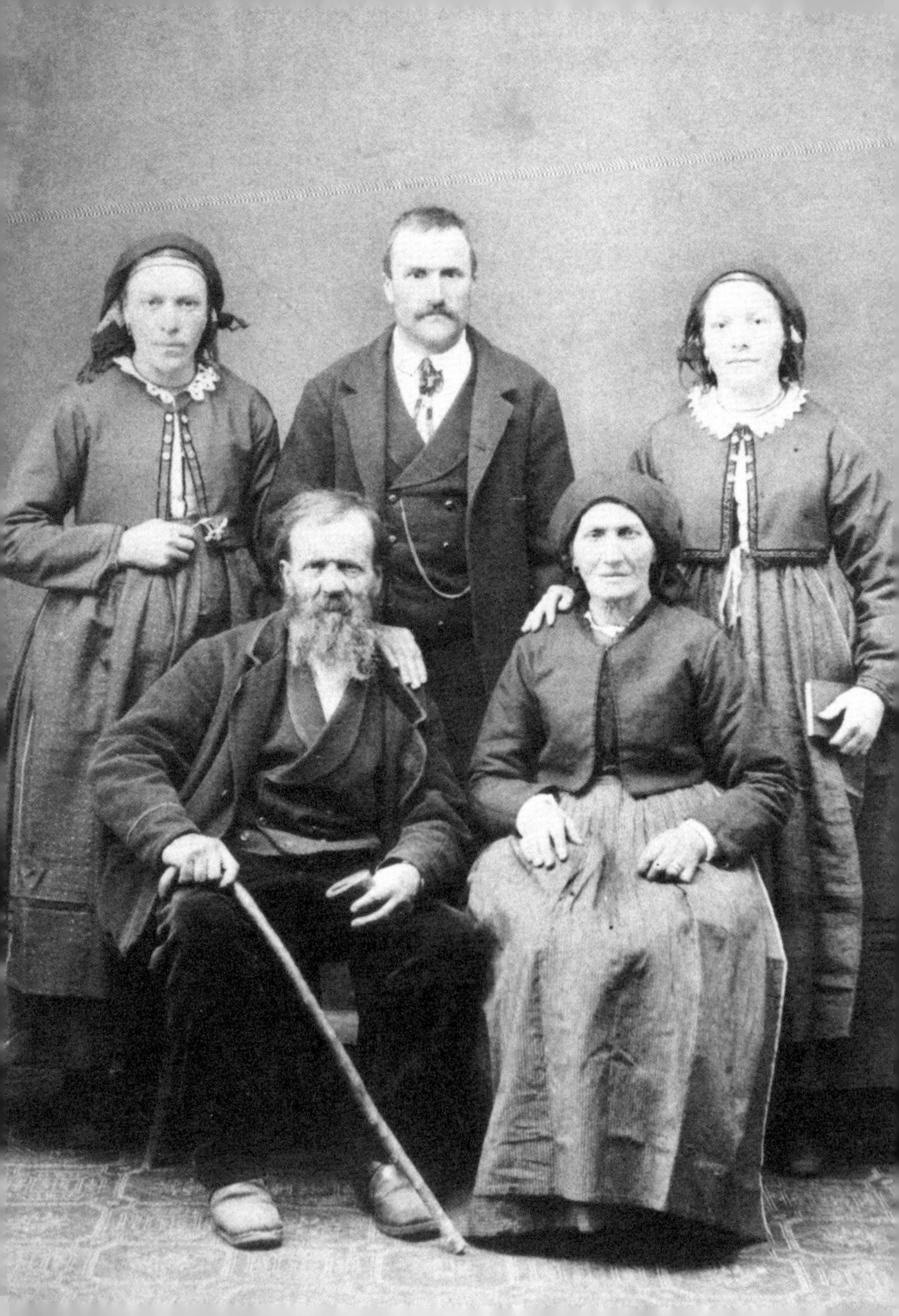

**Le donne di casa mia**
La nonna Felicita
La *ghidaza Lüisína*
La zia Teresa
La *Zíapia*


**Die Frauen meiner Familie**
Die Grossmutter Felicita
Die *Gotte* Luisina
Tante Teresa
*Tantepia*

Felicita, Ottavio, Luisina e i loro genitori.
«Attualmente si parla tanto di uguaglianza tra uomo e donna. Mi sta bene, la trovo giusta. Mia nonna avrebbe detto che il mondo era diventato matto; a sentire lei, le donne dovevano ubbidire, lavorare, risparmiare e mai, mai starsene con le mani in mano.» (p. 19)

Felicita, Ottavio, Luisina und ihre Eltern.
«Heutzutage ist oft von der Gleichstellung von Mann und Frau die Rede. Damit bin ich einverstanden, ich finde es richtig so. Meine Grossmutter hätte gesagt, die Welt sei verrückt geworden; ihrer Meinung nach mussten die Frauen gehorchen, arbeiten, sparen und durften nie, aber gar nie die Hände in den Schoss legen.» (S. 21)

# Le donne di casa mia

Da diversi anni appartengo alla categoria degli anziani, di quelle persone che dovrebbero essere sagge, pazienti e rassegnate e che senza nemmeno rendersi conto posseggono una grande ricchezza: quella dei ricordi.

E forse per quel motivo, torno spesso alle persone, soprattutto alle donne che, quando ero piccola, avevano l'età che ho io adesso, o forse erano anche più giovani, ma a me sembravano così vecchie!

# La nonna Felicita

La nonna Felicita era una figura severa.

Nei miei ricordi la vedo sempre vestita di scuro, con la pezzuola nera in testa a coprire la sua piccola crocchia grigia. Era zoppa e sordastra, con l'indice della mano sinistra piegato per sempre a uncino a causa di una lesione con un colpo di *medola*[1], che le aveva tagliato il tendine.

L'ho conosciuta, ma solo come una bambina può conoscere una persona anziana: con un rapporto affettuoso, ma soprattutto timoroso essendo lei burbera e di poche parole.

1   Piccola falce ricurva

Per lei tutto era peccato: lo sprecare il tempo, il divertirsi, il cantare, il guardarsi allo specchio e più di tutto lo star vicino ai ragazzi.

Me la ricordo specialmente in montagna, poiché lassù stavamo assieme per diversi mesi. La vedo ancora la sera, dopo averci messi tutti e cinque sullo stesso saccone, la nonna, vicino al fuoco a tre passi dal letto, a pregare mentre sbrigava le ultime faccende. E continuava per lungo tempo con i Pater, le Ave, i Gloria e tanti Requiem per i poveri morti. Mi addormentavo al suono di quel mormorare e al mattino, quando mi svegliavo, lei aveva già munto le mucche e ci aspettava con la colazione che consisteva nella minestra di riso e latte, avanzata la sera prima.

So che la nonna si era sposata dopo i trenta, a quei tempi in tarda età per una ragazza da marito. Forse nessuno l'aveva cercata perché la sua famiglia era povera e le spese assurde di suo fratello Leopoldo avevano prosciugato i loro pochi risparmi. Resta un mistero come questo ragazzo di diciassette anni abbia potuto creare questa situazione scomparendo poi nel nulla, lasciando inoltre un debito di settantaquattro franchi (allora erano tanti soldi) come risulta su un documento ritrovato fra le vecchie carte. La famiglia di mia nonna cominciò a dividersi: il fratello maggiore emigrò in California, mentre l'altro fratello Ottavio si sposò. In casa, dopo la morte dei genitori, restarono le due sorelle Felicita e Luigina.

Quando un vedovo di sessantatre anni la chiese in moglie, Felicita esitò a lungo perché il pretendente, oltre che a essere vecchio, era padre di due figlie già grandi emigrate in America. Battista, detto *Sgiàu*, sposatosi poco più che ventenne e rimasto vedovo per lungo tempo, aveva coabitato con Assunta sua cognata, vedova di Venanzio, emigrato e scomparso in America. Da questa convivenza era nata una figlia che certamente come illegittima si trovò molto male fra gente intollerante che non perdonavano le sue origini e il peccato di sua madre. Poi anche Assunta morì e così la figlia raggiunse le sorellastre in America.

*Sgiàu* si trovò di nuovo solo, perciò si cercò un'altra moglie. Felicita acconsentì anche perché così poteva sistemarsi e poteva avere un uomo che difendesse i suoi diritti. A quei tempi infatti le donne non avevano una grande possibilità di farlo ed erano facilmente vittime di gente senza scrupoli. Sicuramente per lei non fu una scelta facile. La condotta del suo sposo era contraria a tutti i suoi principi di austerità. Io non ho conosciuto mio nonno ma, da quanto ho sentito dalle chiacchiere di paese, era un uomo allegro, gli piaceva cantare e bere in compagnia. Era anche di buon cuore, per esempio aveva ipotecato tutti i suoi beni per aiutare il fratello Abbondio a realizzare un'impresa di costruzione. Dal matrimonio di Felicita e Battista nacquero due ragazze: Pia e Pierina.

Questo mio nonno rimane per me uno sconosciuto.

Di lui non esiste nessuna fotografia: in pratica è come se fosse esistito solo da quello che ho scoperto spulciando fra vecchie carte e consultando documenti ufficiali. Neanche mia mamma parlava di lui. Solo una volta mi raccontò di quando la domenica insieme alle due figlie andava a Verscio, naturalmente a piedi, a trovare suo fratello Abbondio. E lei si vergognava perché *Sgiàu* canterellava sempre e si faceva notare passando per la piazza di Tegna, gremita di uomini seduti davanti alle osterie. E lui si fermava a salutare e a chiacchierare con tutti.

Arrivati a Verscio il disagio spariva. Lo zio era cordiale e la casa era bellissima con un gran giardino pieno di alberi da frutta. Anche la cugina con cui giocare era gentile pur mettendo un po' di soggezione con i suoi abiti bianchi così belli ed eleganti. Soltanto la moglie dello zio, una svizzera tedesca che parlava poco il dialetto, raffreddava l'ambiente. E per tanti anni, anche in età avanzata, mia mamma rammentava quei pomeriggi domenicali passati a Verscio come dei momenti gioiosi della sua vita. Non credo però che Felicita abbia mai accompagnato marito e figlie in quelle visite.

La nonna non parlava mai di lui, nemmeno per raccomandarci di recitare un Requiem per il vostro «povero» nonno e questo mi fa dubitare che quel matrimonio, combinato più che altro per motivi materiali, non fosse un granché. Quando lui morì, dopo anni di malattia, lei si ritrovò povera, forse con qualche pezza in più di terreno, ma con due figlie da mantenere. Per fortuna suo fratello Ottavio, che non aveva figli, l'aiutò e fece da padre alle due ragazze. Di lui mia madre raccontava di quanto fosse buono e intelligente.

Volevo narrare di mia nonna, ma non ho potuto farlo senza cercare di capire come fosse mio nonno. Adesso mi rammarico di non aver mai chiesto di lui né alla mamma, né alla nonna.

Ma è difficile chiedere notizie di una persona che sembra non essere mai esistita.

# La *ghidaza*[2] *Lüisína*

Sorella della nonna, tutti la chiamavano la *Ghidaza*.
*Lüisína* era stata la madrina di battesimo di mia madre, della mia sorella maggiore e di un cugino; perciò per le famiglie di Pia e Pierina è stata sempre e solo la *Ghidaza*. Di lei voglio e devo assolutamente scrivere per ricordarla come un persona speciale, con idee già molto avanzate per quei tempi difficili.

Difficili specialmente per le donne.

Le donne stesse erano spesso inflessibili nel giudicare quelle che non rientravano nei parametri della moralità comune. Se una ragazza rimaneva incinta, dopo aver subito

2  Madrina

violenza oppure no, la colpa era soltanto sua perché non era stata abbastanza seria o prudente. L'uomo, pur se conosciuto come autore del fattaccio, non veniva giudicato. Si sa: l'uomo è cacciatore e il compito della preda è di scappare. Per la peccatrice l'esistenza diventava veramente dura. Era segnata a dito e non poteva nemmeno più partecipare alle funzioni religiose.

Eppure anche allora c'erano donne non sposate che mettevano al mondo dei figli, spesso più di uno. Per mantenere le creature, non possedendo né terreni né bestie nella stalla, dovevano pur arrangiarsi a guadagnare qualche franco. Erano vittime e ingiustamente disprezzate, forse anche temute per quello che conoscevano perché, se avessero aperto bocca, chissà quanti segreti familiari sarebbero venuti alla luce! Inoltre nessuno accettava di tenere a battesimo un bambino nato da queste unioni.

Ritorno, dopo tanto divagare, a parlare della *Ghidaza* perché proprio lei è stata la prima ad accettare, anzi a offrirsi, come madrina per la creatura illegittima nata da una di queste povere donne. Mi piace pensare che come dono di battesimo abbia regalato una cuffietta e delle fasce fatte a uncinetto, belle come lei sapeva fare. Sono certa che il suo gesto ha sconvolto le scrupolose moraliste sue coetanee. Ma lei non ha sicuramente badato a quei giudizi, continuando per la strada che riteneva giusta. Era fatta così! Non so se sia stata un esempio, ma oso sperarlo.

La *Ghidaza* non aveva figli. Una brutta caduta, scivolando sul ghiaccio, l'aveva fatta abortire e da allora, forse per mancanza di cure, non c'era stato più niente. Più tardi ho saputo che era lei ad esser chiamata per aiutare le partorienti. Chissà con quale nostalgia! Assisteva anche i malati nel bisogno, così raccontava la *Zíapia* e quando la *Lüisína* entrava nella camera di un malato o di un morente era come se entrasse la speranza e la pace.

Voleva bene a noi bambini e noi lo sapevamo. Quando ragazze già grandi ritardavamo la sera a tornare dalla montagna, dove eravamo andate a mungere le capre, lei ci veniva incontro con la lanterna a petrolio e ci sgridava forte, liberando così l'angoscia dell'attesa mentre si faceva buio. Io le volevo veramente bene e più tardi mi accorsi di essere la sua preferita. Non ho mai sentito una parola di affetto da parte sua, mai un abbraccio, ma non era necessario. Era brusca e si arrabbiava facilmente, ma ogni suo gesto era un gesto di amore. Ero così felice quando la domenica, mano nella mano, mi conduceva a casa sua e a mezzogiorno mi serviva la sua polenta con spezzatino. Era il cibo più squisito del mondo e non sono mai stata capace di cucinarlo uguale.

Portava, come tutte, le vesti lunghe fino ai piedi, fatte a pieglione sui fianchi e dietro, mentre davanti un grembiulino allacciato in vita scendeva fino all'orlo della veste. Il corpetto era chiuso da piccoli uncini, le maniche e lo scollo della camicia bianca, ornate da un pizzo, erano sempre puliti. D'inverno il corpetto diventava una giacchettina e le spalle erano coperte da uno scialle nero di lana. Sento ancora come fosse adesso il profumo delle sue vesti: un odore di fieno, di mele e di fumo del focolare. E sempre, d'estate e d'inverno, gli zoccoli ai piedi. Era il *Lüca*, suo marito che, quando non poteva lavorare nei campi coperti di neve, fabbricava questi zoccoli.

Il *Lüca* è proprio un capitolo a sé.

Sulla foto del loro matrimonio lui è seduto su una bella sedia intagliata e lei è lì accanto, in piedi che gli dà la mano. È strana questa immagine perché solitamente è la donna che se ne sta seduta, mentre l'uomo le sta a fianco con la mano sulla spalla in segno di protezione e di possesso. *Lüca* guarda l'apparecchio con gli occhi sbarrati di uno che non sa bene cosa pensare, *Luisína* invece seria seria, con i suoi ricciolini che le sfuggono dalla pezzuola della festa, guarda sicura davanti a sé.

Mi piacerebbe sapere come queste due persone, così diverse l'una dall'altra, abbiano iniziato la loro relazione sfociata poi nel matrimonio nel 1906. Penso che galeotto fu il monte *Farcolèta*, di proprietà in parte della famiglia del *Lüca* e in parte di quella della *Lüisína*. Molti matrimoni ai tempi dei nostri nonni avvenivano fra due persone che lavoravano a falciar fieno o a tenere capre sullo stesso monte. In paese le ragazze erano guardate a vista, mentre nei monti c'erano più possibilità di avvicinarsi e conoscersi. Il loro matrimonio continuò senza scosse e senza cronaca. Il *Lüca*, almeno come l'ho conosciuto io, preso dai suoi pensieri di soldi, profitti e risparmi, con l'attenzione fissa ai campi da far fruttare e alle gerle da vendere al mercato di Locarno. La *Ghidaza* devota a lui, attenta alle sue necessità senza dar nell'occhio, ma con le redini della loro vita ben salde nelle sue piccole mani callose. Lei non era una natura tranquilla: sempre in ansia per le due nipoti prima e per i numerosi pronipoti dopo.

Dalla *Ghidaza* io ho imparato molte cose.

Appena ho potuto seguirla in montagna, mi ha insegnato a riempire, con le fruscianti foglie secche dei faggi, i sacconi per i letti, a costruire le scope con i rami di ginestra e, anche se non mi piaceva, a lavorare con i ferri facendo calze con la ruvida lana delle nostre pecore. Aveva un profondo rispetto per gli animali e da lei ho appreso ad accudire capre, mucche e pecore per poi lavorare il latte per ottenere burro e formaggio. L'unico insegnamento che non è riuscita a ficcarmi in testa fu il lavoro all'uncinetto, anche se ci provò a lungo, per poi arrendersi sfiduciata.

Ma ciò che mi affascinava di più era la sua conoscenza delle erbe selvatiche: quelle medicinali e quelle da mettere in pentola. Quando ora raccolgo il lichene per la tosse o le foglie dell'uva orsina per i reni, mi sembra di averla ancora vicina. Aveva poca pazienza e mi sgridava se confondevo l'uva orsina con il mirtillo.

Poi, più tardi, mi accorsi che diventava sempre più stanca e, pur camminando adagio, doveva fermarsi spesso per riprendere fiato. E una mattina, non ricordo se fosse primavera o autunno, qualcuno bussò alla porta della scuola e parlò con il maestro che mi invitò ad uscire dall'aula. Fuori c'era una vicina di casa della *Ghidaza* che mi chiese: «*Sai dov'è tua mamma, devo annunciarle che la Lüisína è morta*». Lo disse così, brutalmente, come si usava allora. Chiesi una bicicletta in prestito e pedalai fino *al Córt*, dove sapevo che la mamma si era recata a far legna o strame. Ero angosciata e piangevo perché la *Ghidaza* se n'era andata per sempre.

Crescendo e invecchiando spesso ho ritrovato in me i suoi gesti, i suoi pensieri, il suo amore per la natura e gli animali. Come se la *Ghidaza* mi fosse sempre vicina e mi regalasse qualcosa che le apparteneva.

## La zia Teresa

La Teresa era la moglie dell'*Otávi*.

Lo zio, che per mia madre era un uomo speciale, era il fratello di Felicita e della *Ghidaza*. Mi immagino che, quando Ottavio chiese a Teresa di sposarlo, per lei fu la cosa più bella che potesse capitarle: infatti lo adorava come uomo, come persona. Diventata adulta ho potuto comprendere gli sguardi con cui lei seguiva ogni movimento del marito, la preoccupazione per il suo cibo, per i suoi vestiti. Non gli parlava quasi mai, ma il suo silenzio era pieno di parole d'affetto non dette.

Teresa aveva avuto un'infanzia triste.

Abitava con la madre vedova e con la sorella maggiore in una casa vicino alla chiesetta. Erano poverissime come si poteva essere povere a quei tempi: poco da mangiare, poco per scaldarsi e pochissimo per vestirsi. Una notte un uomo scavalcò il balcone, entrò nella camera e violentò la sorella. Proprio quando si accorse di essere incinta, la poveretta si ammalò di tubercolosi e morì in poco tempo. La loro mamma non uscì più di casa e anche lei si lasciò morire adagio adagio.

Piccola, minuta e curva, Teresa doveva camminare con le stampelle a causa di un parto che durò giorni, dopo di allora non poté più camminare normalmente. Ma non l'ho mai sentita lamentarsi. Lavorava sempre nei prati e nei campi saltellando con quelle stampelle fatte dall'*Otávi.* Poi, come se fosse destinata a sempre piangere, quell'unico figlio affogò nel *Pozzón*, una grande pozza nel *Ri grand* dove si faceva il bagno.

Anche la zia Teresa rischiò di morire.

In famiglia si parlava spesso della sua guarigione quasi miracolosa. Teresa infatti da un po' di tempo si lamentava per dolori al ventre sempre più forti. Si provò con olio di ricino, con impacchi, con tisane, ma il male peggiorava.

Quando infine si chiamò il dottore, lei aveva perso conoscenza. Fu diagnosticata un'appendicite, probabilmente perforata: la febbre era altissima, la donna delirava e gemeva per il male. Il marito disperato chiese al dottore di fare qualche cosa: «Voi mi chiedete di far risuscitare un morto» rispose il medico che poi però dovette cedere alle suppliche di *Otávi*. Così stesero un lenzuolo su un cassone, vi adagiarono l'ammalata e il medico operò, probabilmente senza anestesia, dicendo: «Se non muore adesso, morirà fra poco» perché c'era già un'infezione molto avanzata. Intanto in cucina le donne della famiglia, i bambini e le vicine recitavano il rosario. Zia Teresa restò a lungo tra la vita e la morte poi, adagio adagio, si riprese. Così dopo un mese ritornò a sedersi sulla panchina davanti alla porta a pulire le verdure per la minestra.

Negli anni che l'ho conosciuta, infatti la trovavo seduta davanti alla porta di casa a tagliare verdura, pelare patate e a rammendare vestiti e calze per i figli della nipote che abitava con loro. A volte c'era anche lo zio. Ora che ci penso, Teresa e *Otávi*, formavano una coppia straordinaria. Mai una parola cattiva da parte di lui e lei si rivolgeva al suo uomo con grande rispetto dandogli del voi. Alla sera lui, un omone grande e grosso, prendeva in braccio quella piccola donnina inabile, saliva le scale e la portava a dormire.

Sono passati tanti anni, ma mi ricordo ancora quando *Otávi* morì.

Stava salendo in camera per un pisolino perché si sentiva stanco, quando a metà scala ebbe un rantolo e si accasciò. Noi ragazzi eravamo in cortile. Teresa era scduta al solito posto, vicino alla porta. Vide cadere il suo uomo. Gridò come una bestia ferita. Cercò di alzarsi, rovesciando il secchiello di patate tagliate a pezzetti che teneva in grembo. Rivedo ancora la forma e il colore di quel secchiello e il biancore di quei pezzi di patate, sul pavimento del cortile. Fece per accorrere, ma cadde restando lì a piangere e a mormorare continuamente «*Gesù Maria per i nösc pouri mört!*»[3]

Per me era la prima volta che incontravo la morte e la disperazione.

## La *Zìapia*

Proprio così!

Da noi tutti in famiglia era chiamata *Zíapia*: pronunciato tutto unito, come nome proprio, spesso con l'accento sulla prima i. Lei stessa, quando ci inviava posta dall'America, firmava *Zíapia*. Dico America perché proprio lei è stata una delle ultime avegnesi a emigrare dall'altra parte del Grande Pozzo, come lo chiamavano i vecchi, per sfuggire alla miseria di una vita contadina con poco presente e ancora meno futuro.

---

3   Gesù Maria per i nostri poveri morti!

Questa non è una figura di donna così antica. Pia era infatti nata alla fine dell'Ottocento, quando sua mamma era ormai sulla quarantina, ultima dei sette fratelli che formavano la numerosa famiglia di mio padre. Le sue vesti non erano più a piegoline fitte fitte come quelle della nonna Felicita, ma scuri grembiuloni informi a coprire d'inverno una sottoveste altrettanto lunga e pesante, spesso ottenuta lavorando ai ferri la lana delle pecore.

Sua madre restò a lungo malata dopo quest'ultimo parto e *Zíapia* stessa mi diceva di come fosse dura e esigente con lei colpevolizzandola di averle causato la cattiva salute con la sua nascita. Pia crebbe gracile e già assegnata a una vita difficile: infatti, nonostante fosse di salute cagionevole, anche lei non era esentata dai lavori pesanti. Mi raccontava che al tempo della costruzione della ferrovia, quando lei aveva una decina d'anni, sua mamma le mise sulle spalle, come alle due sorelle, una gerla colma di patate e le mandò a venderle alla *Gotarbánn*, locale così chiamato perché serviva da mensa per gli operai della ferrovia. Quando le ragazze arrivarono sul posto, a più di un chilometro da casa, chi ricevette la merce la pesò e, squadrando meravigliato la più piccola, disse che il suo carico era molto più pesante di lei. *Zíapia* rideva divertita raccontandomi questo aneddoto, ma io immaginavo quanto dolessero le sue spalle di bambina che, ancora da vecchia, portavano i segni bluastri e i solchi delle cinghie, fatte con verghe di nocciolo ritorte.

*Zìapia* era tacitamente destinata a non sposarsi.

Non solo perché era timida e poco sana, ma soprattutto perché come ultima della famiglia doveva occuparsi dei vecchi genitori. Così continuò per molto tempo a falciare fieno, raccogliere legna, portare letame e accudire alle bestie. Ma pure occuparsi della casa, curare la madre malata e il padre sordo e se necessario aiutare le sorelle e i fratelli a crescere la famiglia. Poi la mamma morì e *Zìapia* rimase sola con il papà che amava molto: quel papà che l'aveva difesa, magari di nascosto, dalla troppa severità materna, con il quale si sentiva in perfetta sintonia.

Anche a me il nonno piaceva.

Era un uomo buono e sempre gentile. Ereditò da suo padre carri e cavalli e faceva il carradore, percorrendo la valle da cima a fondo per trasportare merce. Poi presto divenne completamente sordo e gli fu difficile continuare il suo lavoro, così si ritirò a coltivare la terra e a intrecciare gerle da vendere al mercato. Ma la vita, con le forze che calavano, diventava sempre più grama. La speranza nella Provvidenza era spesso per loro due il solo conforto per tirare avanti. La zia mi raccontava che ci fu un giorno in cui non avevano nemmeno un franco nel borsello e il papà disse «Recitiamo il rosario, ci aiuterà». Appena finita la corona si sentì bussare alla porta. Era un signore che andava in valle, passando di lì si era ricordato delle gerle del Giacobbe e si era fermato per comperarne un paio.

Da ragazzina ho frequentato poco la zia perché, morto mio padre, non ci fu più un grande contatto con la sua famiglia. Ma più tardi incuriosita da tutte le cronache del passato che lei, dotata di una memoria formidabile, raccontava così bene, ritornai spesso a visitare lei e il nonno. Ed erano avvenimenti interessanti quelli che ascoltavo, con tanto di nomi e date. Ho ascoltato anche il nonno che, con la voce sommessa, narrava di quando era giovane e veniva richiesto di notte per accompagnare i signori che da Locarno andavano in sella sulle loro cavalcature fino a Cevio. Nonno Giacobbe li accompagnava con i cavalli e il carro sul quale sedevano, coperti da un telone, un paio di giovanotti coraggiosi e ben armati per difenderli dai briganti che attendevano i viaggiatori allo stretto di *Piècc*[4].

Ma la vera cronista era la *Zíapia*.

Come questa storia, ancora più antica di quella narrata da mio nonno, che la zia aveva sentito da suo nonno Battista. Raccontava la *Zíapia* che, al tempo dei Landfogti, ci fosse ad Avegno un servitore incaricato di raccogliere le decime. In autunno l'esattore si recò a Gordevio per chiedere il dovuto, ma gli fu risposto che l'annata era stata magra, la siccità aveva ridotto di molto la raccolta di mais e la continua pioggia autunnale aveva marcito le patate. Alla sua insistenza, fu minacciato. Lui partì promettendo di ritornare, cosa

---

4   Piegio, parete scoscesa sul confine nord del comune

che fece più tardi in inverno, armato di archibugio, ma non ritornò mai più a casa. Fu ritrovato dopo che il sole di marzo aveva sciolto la gran neve di quell'inverno: giaceva sulla riva del fiume. Nessuno seppe mai se la sua morte fosse stata accidentale o no.

Qualcuno in paese giudicava la Pia come una pettegola con tanta fantasia. Per me invece era una cronista affidabile. E se anche ci fossero stati un po' di pettegolezzi in tutti quei racconti, non davano certo fastidio: come il peperoncino che rende più piccante il ragù.

Non era certo inventata la storia di quella povera vecchia, morta nella totale miseria, il cui fratello per non sprecare i vestiti, l'avvolse in un consunto lenzuolo deponendola poi in un cassettone tarlato, risparmiando così anche i soldi della bara. Quando al funerale i portatori alzarono il feretro, il cassettone si sfasciò e la povera morta cadde seminuda per terra. A tale vista il prete inorridito pregò le donne presenti perché provvedessero a vestirla e sicuramente fu anche riparato il cassettone perché il funerale potesse proseguire.

Quante vicende mi ha raccontato *Zíapia*, quasi tutte tragiche o tristi perché quelle belle e felici non fanno storia.

Una storia sicuramente tragica parlava di una ragazza invidiosa della sorella minore che si era fidanzata prima di lei. Per questo motivo, disperata, ingerì l'acido che suo padre adoperava nel suo lavoro da ciabattino. «Era la mia madrina – diceva la zia scuotendo il capo – sono andata a trovarla, lei urlava dal dolore che le bruciava dentro e voleva buttarsi dalla finestra.» Poi concludeva, abbassando la testa e sussurrando un Requiem, «Per fortuna è morta in fretta!»

Storia triste invece quella di un uomo, marito e già padre di due figli, che mise incinta un'altra ragazza del paese. Per sfuggire alla vendetta dei fratelli di lei, partì in tutta fretta per l'America. Dopo qualche anno in paese si venne a sapere che lui si era ben sistemato oltreoceano. La sorella di lui, che si era presa cura della cognata e dei nipoti, pagò loro il biglietto per il viaggio perché era ora che si riunissero alla famiglia. Quando i tre arrivarono in California, lo trovarono con una nuova famiglia che aveva formato con una messicana. *Zíapia* non seppe però dirmi come furono sistemate le cose. So invece, per averli visti già anziani, che i figli avegnesi tornarono diverse volte in Ticino a trovare i parenti.

Ecco sono tornata sull'argomento America.

Quando anche il suo caro padre morì, tra i fratelli iniziarono le tensioni ereditarie per spartire i beni di famiglia. *Zíapia* non poteva più sopravvivere: aveva anche una gamba sempre gonfia e doveva usare il bastone; faticava a respirare perché, diceva, soltanto un polmone funzionava come si deve. I lavori di campagna diventavano sempre più pesanti. E poi nei dissidi familiari, sorti per la spartizione della roba, lei, che era molto influenzabile, non sapeva da che parte stare. Per una di quelle strane combinazioni che spesso succedono nella vita, arrivarono in visita ai parenti la vedova e la figlia di suo fratello Arturo, emigrato da tanti anni in California. Non so di chi fu l'idea, se fu la zia a chiedere o le altre a offrire, ma lei preparò le valigie, vendette quel poco che poteva vendere, affidò la casa a un nipote e salutò tutti in fretta.

A cinquantadue anni, Pia si imbarcava per l'America.

La traversata fu memorabile: vedeva il mare per la prima volta e arrivata sul Nuovo continente, diceva, tutto era grande, le case immense e la gente era tanta. Si adattò a lavorare insieme alla cognata e alla nipote nella loro lavanderia. Studiò l'inglese, ottenne la cittadinanza americana e si fece molti conoscenti nella colonia ticinese di Modesto. Poi l'accordo con i parenti si ruppe e la cognata le disse chiaro e tondo che avrebbe dovuto andarsene dalla loro casa e ritornare in Ticino. Infatti un posto per lei era già stato prenotato su una nave cargo per non spendere troppo. Probabilmente la vita americana, tanto diversa da quella del paese, suscitò critiche e incomprensioni fra loro. Per lei fu un trauma!

Come avrebbe potuto vivere tornando a casa?

Pochi giorni prima della partenza, la zia andò a una cerimonia religiosa nella Chiesa del Sacro Cuore, frequentata da molti ticinesi, e parlò così a Dio «Se non mi aiuti e devo veramente ritornare a casa, ti assicuro che, quando sarò in alto mare, mi getterò in acqua! Amen!». Uscita dalla chiesa, fu avvicinata da una donna presente al rito che le chiese se fosse capace di assistere una vecchia malata. *Zíapia* fu felice di accettare anche perché aveva fatto lo stesso lavoro per tanti anni con i suoi genitori. Quando l'anziana paziente morì, Pia fu cercata da un'altra famiglia. E così rimase in America a curare amorevolmente persone anziane. Scriveva a casa e mandava fotografie, come quella in cui sorrideva contenta e sul retro aveva scritto «Ho votato per Kennedy!»

Orgogliosa come un'americana.

Ma la nostalgia del suo villaggio non l'aveva mai completamente abbandonata perché, dopo quasi vent'anni d'America, rifece le valigie e tornò a casa. Chi la vide arrivare, si ricorda ancora dello stupore provato scorgendola sul tragitto dalla stazione del bus fino a casa sua, in fondo al paese. *Zíapia* indossava, lei che aveva sempre portato vestiti scuri, un lungo spolverino chiaro ornato al risvolto da una grande spilla e, stranezze delle stranezze, in capo aveva un cappellino guarnito di fiori. Ma cappello e soprabito finirono sicuramente in fondo a un armadio perché non si videro mai più! Lei infatti riprese subito i suoi vestiti scuri, così come i grembiuli neri e azzurri a fiorellini bianchi. Un giorno mi regalò la sua spilla che ho conservato, non per il suo valore, era di latta, ma in ricordo di una donna coraggiosa.

Andai spesso a trovarla.

Era invecchiata, trascinava la gamba sempre più gonfia e pesante aiutandosi con il bastone. L'America non le aveva cambiato carattere: ottimista come sempre, minimizzava le sue difficoltà, rideva spesso e raccontava, raccontava. Ora nelle sue storie era presente anche il Nuovo Mondo e nel dialetto spesso entravano parole nuove, in inglese. Leggeva i giornali e si interessava di politica americana, arrabbiandosi se il dollaro scendeva perché così diminuiva la sua piccola pensione che riceveva dall'altra parte del mare. Quella piccola somma di dollari e l'AVS le consentivano, avendo pochissime necessità, di fare una vita tranquilla. Aveva comperato un grande freezer in cui conservava i prodotti del suo orto. Ogni mia partenza da casa sua era accompagnato da un pacchetto di surgelati. Ma non erano i suoi fagiolini verdi che mi facevano tornare spesso da lei. Erano i suoi racconti, le sue cronache e il mio affetto per lei che mi portavano a casa sua.

Più tardi fu ricoverata in una casa per anziani.

Si adattò bene anche lì, senza mai lamentarsi vi passò diversi anni. Dopo i novantaquattro cominciò a ricordare sempre e solo i vecchi tempi, mi diceva di salutare mia mamma, che era già morta da tempo. Poi anche per lei arrivò il giorno del distacco. Era tranquilla, quasi contenta perché era sicura che avrebbe ritrovato suo padre. Quando la vidi nella bara, quasi non la riconobbi. Non aveva più quell'espressione umile e dimessa che sempre l'accompagnava, ma con la bella fronte alta, i capelli bianchi ancora folti, il naso sottile e diritto, un po' aquilino come quello di suo padre, mostrava tutta la forza del suo carattere.

Il paese, dopo la scomparsa di *Zíapia*, si ritrovò un po' più povero perché con lei aveva perso una delle ultime persone in grado di legare il passato con il presente.

# Die Frauen meiner Familie

Seit etlichen Jahren gehöre ich zur Altersgruppe der Betagten, jener Menschen also, die weise, geduldig und schicksalsergeben sein sollten und die, ohne sich dessen überhaupt bewusst zu sein, einen grossen Reichtum besitzen: ihre Erinnerungen.

Und vielleicht komme ich aus diesem Grund immer wieder auf die Leute, vor allem auf die Frauen zurück, die damals, als ich klein war, genauso alt waren, wie ich jetzt bin, oder vielleicht waren sie auch jünger, aber mir kamen sie so alt vor!

## Die Grossmutter Felicita

Die Grossmutter Felicita war eine strenge Person.

In meinen Erinnerungen ist sie immer schwarz gekleidet und trägt ein schwarzes Kopftuch, das den kleinen, grauen Haarknoten bedeckt. Sie hinkte und war etwas schwerhörig, während ihr linker Zeigefinger für immer zu einem Haken gekrümmt war infolge einer Verletzung mit der Handsichel, die ihr die Sehne durchtrennt hatte.

Ich kannte sie, doch nur so, wie ein Kind einen alten Menschen eben kennen kann: zwar mit Liebe, vor allem aber mit Furcht, war sie doch griesgrämig und einsilbig. Für sie war alles Sünde: Zeit vertrödeln, sich vergnügen, singen, sich im Spiegel betrachten und – das Allerschlimmste! – sich mit Buben abgeben.

Meine Erinnerungen an sie spielen hauptsächlich in den Bergen, denn dort oben waren wir jeweils mehrere Monate lang zusammen. Ich habe noch vor Augen, wie die Grossmutter abends, nachdem sie uns fünf alle auf demselben Laubsack untergebracht hatte – habe noch vor Augen, wie sie beim Feuer, ein paar Schritte vom Bett entfernt, ihre Gebete und gleichzeitig die letzten Arbeiten des Tages verrichtete. Und noch lange machte sie weiter mit den Paternoster, Ave-Maria, Gloria und manchem Requiem für die armen Seelen. Mit diesem Gemurmel im Ohr schlief ich ein, und wenn ich am anderen Morgen erwachte, hatte sie schon die Kühe gemolken und erwartete uns mit dem Frühstück, das aus den Resten der Milchreis-Suppe vom Vorabend bestand.

Ich weiss, dass die Grossmutter erst mit über dreissig geheiratet hat, was damals für ein Mädchen im heiratsfähigen Alter spät war. Vielleicht hatte auch keiner sie gewollt, denn ihre Familie war arm, und durch die Verschwendungssucht ihres Bruders Leopoldo waren die wenigen Ersparnisse aufgezehrt worden. Es bleibt ein Rätsel, wie der 17 Jahre alte Bursche es schaffte, die Familie in diese Lage zu bringen, danach spurlos zu verschwinden und überdies eine Schuld von 74 Franken zu hinterlassen (damals eine Menge Geld). So ist es aus einer zwischen alten Papieren entdeckten Urkunde zu ersehen. Die Familie meiner Grossmutter löste sich noch weiter auf: Der ältere Bruder wanderte nach Kalifornien aus, während der andere, Ottavio, heiratete. Nach dem Tod der Eltern blieben die Schwestern Felicita und Luisina im Haus zurück.

Als ein 63-jähriger Witwer um ihre Hand anhielt, zögerte Felicita lange, weil der Verehrer nicht nur alt, sondern auch Vater von zwei schon erwachsenen, nach Amerika ausgewanderten Töchtern war. Battista, auch *Sgiàu* genannt, hatte mit wenig mehr als zwanzig geheiratet und war lange Zeit Witwer gewesen, ehe er mit seiner Schwägerin Assunta zusammenzog, der Witwe des Venanzio, der nach Amerika ausgewandert und dort verschollen war. In dieser Lebensgemeinschaft kam eine Tochter auf die Welt. Da sie unehelich war, erging es ihr ohne Zweifel schlecht unter den intoleranten Leuten, die ihr ihre Herkunft und den Fehltritt ihrer Mutter nicht verziehen. Dann aber starb auch Assunta, und so schloss sich die Tochter ihren Stiefschwestern in Amerika an.

Einmal mehr war *Sgiàu* allein, deshalb suchte er wieder eine Frau. Felicita willigte auch deshalb ein, weil sie heiraten und einen Mann haben konnte, der für ihre Rechte eintreten würde; damals hatten Frauen ja kaum eine Möglichkeit, das selbst zu tun, und so wurden sie häufig Opfer skrupelloser Leute. Bestimmt fiel ihr die Entscheidung nicht leicht. Der Lebenswandel ihres Bräutigams widersprach allen ihren strengen Grundsätzen. Ich kannte meinen Grossvater nicht, doch aus dem, was die Leute im Dorf so schwatzten, hörte ich heraus, dass er ein fröhlicher Mann gewesen war und gern mit anderen zusammen sang und trank. Auch hatte er ein gutes Herz, zum Beispiel hatte er mit seinem ganzen Vermögen gebürgt, um seinem Bruder Abbondio bei der Gründung eines Bauunternehmens zu helfen. Aus der Ehe von Felicita und Battista gingen zwei Mädchen hervor, Pia und Pierina.

Dieser Grossvater bleibt für mich ein Unbekannter.

Von ihm existiert keine einzige Fotografie. Es ist praktisch so, als habe es von ihm nur das gegeben, was ich beim Durchforsten alter Papiere und beim Lesen amtlicher Dokumente erfahren habe. Auch meine Mutter sprach nie von ihm. Nur ein einziges Mal erzählte sie mir, wie er, selbstverständlich zu Fuss, am Sonntag zusammen mit den beiden Mädchen nach Verscio gegangen sei, um seinen Bruder Abbondio zu besuchen. Und sie schämte sich, weil *Sgiàu* ständig vor sich hin sang und beim Überqueren der Piazza von Tegna, wo die Männer zahlreich vor den Gaststätten sassen, die Aufmerksamkeit auf sich zog. Und er blieb stehen, um zu grüssen und mit allen zu plaudern.

In Verscio wich das Unbehagen. Der Onkel war herzlich, und das Haus mit dem grossen Garten voller

Obstbäume war wunderschön. Auch die Cousine, mit der sie spielten, war nett, obgleich ihr etwas unwohl war in ihren schönen, weissen, so eleganten Kleidern. Einzig die Frau des Onkels, eine Deutschschweizerin, die nur wenig Dialekt sprach, drückte auf die Stimmung. Und nach vielen Jahren noch, sogar in fortgeschrittenem Alter, waren diese in Verscio verbrachten Sonntagnachmittage meiner Mutter als freudvolle Momente ihres Lebens in Erinnerung. Hingegen glaube ich nicht, dass Felicita Mann und Töchter bei diesen Besuchen je begleitet hatte.

Die Grossmutter sprach nie von ihm, nicht einmal, um uns zu ermahnen, ein Requiem für unseren seligen Grossvater zu beten, und dies weckt in mir den Verdacht, dass diese Ehe, die vor allem aus materiellen Überlegungen zustande gekommen war, nichts Besonderes gewesen sein dürfte. Als er nach jahrelanger Krankheit starb, war sie wieder arm, vielleicht mit dem einen oder anderen Stück Land mehr, aber mit zwei Töchtern, die sie durchbringen musste. Zum Glück half ihr Ottavio, ihr Bruder, der, selber kinderlos, für die beiden Mädchen wie ein Vater war. Über ihn erzählte meine Mutter, wie gutherzig und intelligent er gewesen sei.

Ich wollte von meiner Grossmutter berichten, doch konnte ich es nicht tun, ohne dass ich zu verstehen suchte, wie mein Grossvater wohl gewesen war. Jetzt bereue ich, weder die Mutter noch die Grossmutter nach ihm gefragt zu haben.

Aber es ist schwierig, etwas über einen Menschen in Erfahrung zu bringen, der gar nicht existiert zu haben scheint.

## Die *Gotte* Luisina

Sie war die Schwester der Grossmutter, und alle nannten sie *Ghidaza*, *Gotte*.

Luisina war Taufpatin meiner Mutter, meiner ältesten Schwester und eines Cousins gewesen; darum war sie für die Familien von Pia und Pierina immer einfach die *Ghidaza* gewesen, die Gotte oder Patin. Über sie will und muss ich unbedingt schreiben, um an diese aussergewöhnliche Person zu erinnern, deren Ideen bereits sehr fortschrittlich waren für jene schwierigen Zeiten.

Schwierig besonders für die Frauen.

Oft waren selbst die Frauen unerbittlich in ihrem Urteil über Frauen, die nicht den gängigen moralischen Vorstellungen entsprachen. Wenn ein junges Mädchen schwanger wurde, nachdem sie vergewaltigt worden war oder auch nicht, war sie ganz allein schuld, denn sie war nicht genug anständig oder vorsichtig gewesen. Der Mann wurde nicht verurteilt, auch wenn er als der Übeltäter feststand. Man weiss ja: der Mann ist Jäger, und das Wild hat die Pflicht zu fliehen. Für die arme Sünderin wurde das Leben nun wirklich hart. Auf sie zeigte man mit dem Finger, und sie durfte nicht einmal mehr am Gottesdienst teilnehmen.

Und doch gab es auch damals unverheiratete Frauen, die Kinder zur Welt brachten, oft mehr als nur eines. Sie besassen kein Land und hatten kein Vieh im Stall, und damit sie diese Geschöpfe durchbringen konnten, mussten sie sich doch irgendwie behelfen, um ein paar Franken zu verdienen. Sie waren Opfer und wurden in ungerechter Weise verachtet, vielleicht auch gefürchtet für das, was sie wussten, denn hätten sie den Mund aufgetan, wer weiss, wie viele Familiengeheimnisse an den Tag gekommen wären! Zudem wollte niemand ein Kind aus einer solchen Beziehung über die Taufe halten.

Nach dieser langen Abschweifung komme ich nun auf die *Gotte* zurück, denn sie war die erste, die einwilligte, mehr noch: sich anbot, einem unehelichen Kind, das von einer dieser armen Frauen geboren worden war, Patin zu sein. Mit Freude denke ich daran, dass ihr Taufgeschenk ein Käppchen und Windeln waren, die sie gehäkelt hatte, schöne Sachen, wie sie sie zu machen verstand. Ich bin mir sicher, dass ihre Geste ihre engherzigen und bigotten Altersgenossinnen aus der Fassung brachte. Doch um solche Urteile scherte sie sich bestimmt nicht und ging weiter den Weg, den sie für den richtigen hielt. So war sie nun einmal! Ich weiss nicht, ob sie ein Vorbild war, aber ich will es gerne hoffen.

Die *Gotte* hatte keine Kinder. Ein böser Sturz auf rutschigem Eis hatte zu einer Fehlgeburt geführt, und nachher war damit, vielleicht auch wegen fehlender ärztlicher Behandlung, nichts mehr gewesen. Später erfuhr ich, dass sie es war, die zu den Gebärenden gerufen wurde, um ihnen zu helfen. Wer weiss, wie gross ihre Wehmut war! Sie pflegte auch bedürftige Kranke, so erzählte es *Tantepia*, und wenn Luisina die Kammer eines Kranken oder Sterbenden betreten habe, sei es gewesen, als kämen Hoffnung und Frieden herein.

Sie mochte uns Kinder, und wir wussten es. Wenn wir als schon grössere Mädchen uns abends jeweils bei der Rückkehr aus den Bergen, wo wir die Ziegen gemolken hatten, verspäteten, kam sie uns mit der Petroleumlampe entgegen, schimpfte uns tüchtig aus und befreite sich so von der Anspannung, in die sie beim langen Warten geraten war, da es bereits Nacht wurde. Ich mochte sie wirklich gut, und später merkte ich, dass ich ihr Liebling war. Zwar habe ich nie ein zärtliches Wort gehört von ihr, nie gab es eine Umarmung, aber das war auch nicht nötig. Sie war barsch und wurde leicht zornig, aber was sie tat, tat sie immer mit Liebe. Ich war so glücklich, wenn sie mich sonntags an der Hand zu sich nach Hause führte, und mittags tischte sie mir ihre Polenta mit Geschnetzeltem auf. Es war das beste Essen der Welt, und es ist mir nie gelungen, es gleich gut zu kochen.

Wie alle Frauen trug sie knöchellange Kleider mit Fältchen seitlich und hinten, während vorn eine um die Taille gebundene Halbschürze bis zum Saum des Kleides reichte. Viele Häkchen schlossen das Oberteil; die Ärmel und der Ausschnitt der weissen, spitzengeschmückten Bluse waren stets sauber. Im Winter wurde aus dem Oberteil ein Jäckchen, und auf den Schultern lag ein schwarzes, wollenes Tuch. Der Duft ihrer Kleider ist mir noch heute gegenwärtig: Sie rochen nach Heu, Äpfeln und nach dem Herdfeuer. Und immer, im Sommer wie im Winter, hatte sie Holzschuhe an den Füssen. Luca, ihr Mann, stellte sie her, wenn er auf den schneebedeckten Feldern nicht arbeiten konnte.

Luca ist nun wirklich ein Kapitel für sich.

Auf ihrem Hochzeitsfoto sitzt er auf einem schönen, geschnitzten Stuhl, und sie steht aufrecht an seiner Seite und gibt ihm die Hand. Merkwürdig, dieses Bild, denn gewöhnlich sitzt die Frau, während der Mann neben ihr steht und, als Beschützer und Besitzer, seine Hand auf ihrer Schulter ruhen lässt. Luca sieht mit aufgesperrten Augen in den Apparat, als wisse er nicht recht, was denken, Luisina hingegen, ganz ernst und mit ihren Löckchen, die unter dem Festtags-Kopftuch hervorgucken, sie blickt selbstsicher geradeaus.

Gern wüsste ich, wie diese zwei so unterschiedlichen Personen miteinander eine Beziehung anfingen, die 1906 dann in die Ehe mündete. Ich vermute, dass *Farcolèta*, der *monte*[1], der teils der Familie von Luca, teils der von Luisina gehörte, die beiden zusammengebracht hatte. Zur Zeit unserer Grosseltern kam es zwischen Leuten, die auf dem gleichen *monte* Heu machten oder Ziegen hielten, nicht selten zur Eheschliessung. Im Dorf wurden die Mädchen nicht aus den Augen gelassen, während es in den *monti* mehr Gelegenheiten gab, sich anzunähern und einander kennenzulernen. Ihre Ehe verlief ohne grosse Erschütterungen und ohne Aufsehen zu erregen. Luca war dauernd – zumindest kannte ich ihn so – mit seinen Gedanken an Geld, Gewinn und Ersparnis beschäftigt und richtete sein Augenmerk auf den Ertrag der Felder und den Verkauf der Kräzen, die er in Locarno zu Markte trug. Die *Gotte* war ihm ergeben, achtete unauffällig auf seine Bedürfnisse, doch die Zügel ihres gemeinsamen Lebens hielt sie fest in ihren kleinen, schwieligen Händen. Sie war keine gelassene Natur: anfangs stets in Sorge um ihre beiden Nichten, später um die zahlreichen Grossneffen und Grossnichten.

Von der *Gotte* habe ich vieles gelernt.

Kaum konnte ich sie in die Berge hinauf begleiten, brachte sie mir bei, wie man mit raschelndem trockenem Buchenlaub die Bettsäcke füllt, aus Ginsterreisern Besen herstellt und – auch wenn ich es nicht gern tat – aus der rauen Wolle unserer Schafe Strümpfe strickt. Sie hatte grosse Achtung

---

1 Vgl. S. 49, Fussnote 1

vor den Tieren, und von ihr lernte ich, Ziegen, Kühe und Schafe zu versorgen und danach die Milch zu Butter und Käse zu verarbeiten. Einzig das Häkeln wollte mir nicht in den Kopf, auch wenn sie lange versuchte, es mir beizubringen, um schliesslich entmutigt zu kapitulieren.

Was mich aber am meisten faszinierte, das waren ihre Kenntnisse über Wildpflanzen, seien es Heil- oder Küchenkräuter. Wenn ich heute gegen den Husten Flechten und für die Nieren die Blätter der Bärentraube sammle, ist es mir, als hätte ich sie noch neben mir stehen. Sie hatte wenig Geduld und schalt mich, wenn ich die Bärentraube mit der Heidelbeere verwechselte.

Später dann bemerkte ich, wie sie immer müder wurde, und obwohl sie gemächlich ging, musste sie oft anhalten, um Atem zu schöpfen. Und eines Morgens – ob im Frühling oder im Herbst, daran erinnere ich mich nicht mehr – klopfte in der Schule jemand an die Tür und sprach mit dem Lehrer. Der forderte mich auf, aus dem Klassenzimmer zu kommen. Draussen stand eine Nachbarin der *Gotte* und fragte mich: «Weisst du, wo deine Mama ist? Ich muss ihr mitteilen, dass Luisina gestorben ist.» So sagte sie es, direkt und schonungslos, wie es damals üblich war. Ich lieh mir ein Fahrrad aus und pedalte zum *Córt*, wo sich, wie ich wusste, meine Mutter aufhielt, um Holz oder Streu zu sammeln. Ich hatte Angst und weinte, weil die *Gotte* für immer gegangen war.

Als ich grösser und älter wurde, entdeckte ich an mir selbst immer häufiger ihre Gebärden und ihre Gedanken, ihre Liebe zur Natur und zu den Tieren. So als sei die *Gotte* mir noch immer nahe und schenke mir etwas, was ihr gehörte.

## Tante Teresa

Teresa war die Frau von Ottavio.

Der Onkel – für meine Mutter ein besonderer Mann – war der Bruder von Felicita und der *Gotte*. Ich stelle mir vor, dass es für Teresa das Allerschönste war, was ihr passieren konnte, als Ottavio sie bat, ihn zu heiraten. Sie verehrte ihn nämlich als Mann, als Person. Im Erwachsenenalter begann ich die Blicke zu begreifen, mit denen sie jede Bewegung ihres Mannes verfolgte, die Sorge um sein Essen, um seine Kleider. Sie sagte fast nie etwas zu ihm, doch ihr Schweigen war voll unausgesprochener Zuneigung.

Teresa hatte eine traurige Kindheit gehabt.

Mit ihrer verwitweten Mutter und der älteren Schwester wohnte sie in einem Haus neben der kleinen Kirche. Sie waren so arm, wie man in jenen Zeiten nur arm sein konnte: wenig zu essen, wenig zum Heizen und sehr wenig zum Anziehen. Einmal kletterte nachts ein Mann auf den Balkon, drang ins Zimmer ein und vergewaltigte die Schwester. Als sie feststellte, dass sie schwanger war, erkrankte sie sogleich auch an Tuberkulose und starb nach kurzer Zeit. Die Mutter der beiden verliess das Haus nicht mehr, und auch sie verlor allmählich jeden Lebenswillen.

Teresa war klein, dünn und gebeugt und musste an Krücken gehen, infolge einer Geburt, die Tage gedauert hatte. Danach konnte sie nicht mehr normal gehen. Aber ich hörte sie nie klagen. Sie arbeitete weiter auf Wiesen und Feldern, indem sie mit diesen Krücken herumhüpfte, die Ottavio für sie gemacht hatte. Als sei es ihr Los, immer nur zu trauern, ertrank dann ihr einziges Kind im *Pozzon*, einem grossen Becken im *Ri grand*, in dem man baden konnte.

Auch Tante Teresa wäre einmal beinah gestorben.

In unserer Familie sprach man oft von ihrer an ein Wunder grenzenden Heilung. Nun, seit einiger Zeit schon hatte Teresa über ständig stärker werdende Bauchschmerzen geklagt. Man versuchte es mit Rizinusöl, mit Umschlägen, mit Kräutertee, doch das Übel wurde immer schlimmer. Als man schliesslich den Arzt rief, hatte sie das Bewusstsein verloren. Es wurde eine Blinddarmentzündung mit wahrscheinlich schon erfolgtem Durchbruch diagnostiziert: Das Fieber war äusserst hoch, die Frau sprach wirr und wimmerte vor Schmerzen. Der verzweifelte Ehemann bat den Arzt, etwas zu tun. «Ihr verlangt von mir, einen Toten zum Leben zu erwecken», entgegnete der Arzt, musste aber dann den flehentlichen Bitten von Ottavio nachgeben. So breiteten sie ein Leintuch über eine Truhe, betteten die Kranke darauf, und als der Arzt operierte, wahrscheinlich ohne sie zu betäuben, sagte er: «Wenn sie heute nicht stirbt, stirbt sie morgen.» Denn die Infektion hatte schon weit um sich gegriffen. In der Küche beteten indessen die Frauen der Familie, die Kinder und die Nachbarinnen den Rosenkranz. Tante Teresa schwebte lange zwischen Leben und Tod, dann erholte sie sich ganz allmählich. So sass sie denn nach einem Monat wieder auf der Bank vor der Tür und putzte Gemüse für die Suppe.

In den Jahren, als ich sie kannte, sah ich sie tatsächlich jeweils vor der Haustür sitzen, dabei Gemüse schneiden, Kartoffeln schälen und Kleider und Strümpfe flicken für die Kinder der Nichte, die mit ihnen lebte. Manchmal war auch der Onkel dabei. Nebenbei gesagt, waren Teresa und Ottavio ein aussergewöhnliches Paar. Nie kam ein böses Wort von seiner Seite, und sie richtete sich immer voller Respekt an ihren Mann, indem sie ihn mit Ihr ansprach. Abends trug dieser hünenhafte, schwere Mensch die kleine, zierliche, behinderte Frau in seinen Armen die Treppen hinauf ins Bett.

Viele Jahre sind seither vergangen, aber ich erinnere mich noch, wie es war, als Ottavio starb.

Er stieg gerade die Treppen zu seiner Kammer empor, um ein Nickerchen zu machen, weil er sich müde fühlte, als er auf halbem Weg mit einem Röcheln zusammensank. Wir Kinder waren im Hof. Teresa sass an ihrem angestammten Platz neben der Tür. Sie sah, wie ihr Mann umfiel. Sie schrie wie ein verwundetes Tier. Sie versuchte aufzustehen und leerte dabei das Eimerchen mit den in kleine Stücke geschnittenen Kartoffeln aus, das sie auf dem Schoss gehalten hatte. Noch sehe ich Form und Farbe jenes Eimerchens und das Weiss der Kartoffelstücke, dort auf dem Boden im Hof. Sie machte Anstalten, zu ihm zu laufen, aber sie fiel hin, blieb weinend liegen und murmelte in einem fort: «*Gesù Maria per i nösc pouri mört!* (Jesus Maria für unsere seligen Toten!)»

Für mich war es das erste Mal, dass ich dem Tod und der Verzweiflung begegnete.

## *Tantepia*

Genau so!

Alle in unserer Familie nannten sie *Tantepia – Zíapia –* und sprachen es als ein einziges Wort und wie einen Eigennamen aus, oft mit der Betonung auf der ersten Silbe: *Tántepia, Zíapia*. Selbst sie unterschrieb mit «Zíapia», wenn sie uns aus Amerika Post schickte. Aus Amerika, so ist es, denn sie war eine der letzten Einwohnerinnen von Avegno, die auf die andere Seite des Grossen Teiches – wie die alten Leute sagten – auswanderten, um dem Elend eines Bauernlebens ohne Zukunft und mit wenig Gegenwart zu entfliehen.

Sie ist keine der ganz alten Frauengestalten. Pia ist nämlich am Ende des 19. Jahrhunderts, als ihre Mutter bereits um die vierzig war, auf die Welt gekommen, als letztes der sieben Geschwister, die die kinderreiche Familie meines Vaters bildeten. Ihre Gewänder waren nicht mehr so fein gefältelt wie jene der Grossmutter Felicita, sondern waren dunkle, unförmige Schürzen, die im Winter ein ebenso langes, schweres und oft aus Schafwolle gestricktes Unterkleid zu bedecken hatten.

Ihre Mutter war nach dieser letzten Geburt lange krank, und *Tantepia* selbst sagte mir, wie hart und fordernd sie ihr gegenüber gewesen sei und dass sie sie beschuldigte, durch ihre Geburt ihre Gesundheit ruiniert zu haben. Pia war ein zartes Kind und hatte ein beschwerliches Leben vor sich, denn obwohl von schwacher Konstitution, wurde auch sie von schweren Arbeiten nicht verschont. Als die Eisenbahn[2] gebaut worden sei und sie etwa zehn Jahre alt gewesen sei, so erzählte sie mir, habe die Mutter ihr, so wie ihren beiden älteren Schwestern, jeweils eine Hutte voller Kartoffeln auf die Schultern geladen. Damit schickte sie die Mädchen zur so genannten *Gotthardbahn*, dem Lokal, das den Bahnarbeitern als Kantine diente und wo sie sie verkaufen sollten. Als sie nach mehr als einem Kilometer an

---

2   Es handelte sich um die Strecke Locarno–Ponte Brolla–Bignasco, um die so genannte «Valmaggina» (1965 aufgehoben).

Ort und Stelle ankamen, musterte der Mann, der die Ware entgegennahm und wog, erstaunt die Kleinste und sagte, ihre Last sei viel schwerer als sie selbst. *Tantepia* lachte vergnügt, wenn sie mir diese Geschichte erzählte, ich aber stellte mir vor, wie ihr als Kind die Schultern geschmerzt haben mussten, die noch im Alter die bläulichen Male und eingekerbten Spuren der aus Haselzweigen geflochtenen Riemen trugen.

Nicht zu heiraten, war *Tantepia* stillschweigend vorherbestimmt.

Nicht nur, weil sie schüchtern und kränklich war, sondern hauptsächlich, weil sie sich als Jüngste der Familie um die alten Eltern kümmern musste. Also mähte sie weiterhin viele Jahre lang Gras, sammelte Brennholz, brachte Mist aus und versorgte das Vieh. Aber sie führte auch den Haushalt, pflegte die kranke Mutter und den tauben Vater, und wenn nötig half sie den Schwestern und Brüdern beim Grossziehen ihrer Kinder. Dann starb die Mutter, und *Tantepia* blieb mit ihrem Vater allein zurück. Ihn liebte sie sehr. Er hatte sie, und sei es heimlich, vor der allzu grossen Härte der Mutter in Schutz genommen, und mit ihm fühlte sie sich tief verbunden.

Auch mir gefiel der Grossvater.

Er war ein gutherziger und stets freundlicher Mann. Von seinem Vater erbte er Pferde und Wagen und war fortan Fuhrmann. Talauf- und talabwärts führte er Waren aller Art. Dann wurde er bald vollkommen taub, und seine Arbeit fiel ihm immer schwerer, sodass er sich zurückzog, sein Land bestellte und Hutten flocht, um sie auf dem Markt zu verkaufen. Doch die Kräfte schwanden, und das Leben wurde immer trostloser. Die Hoffnung auf die göttliche Vorsehung war für sie beide oft die einzige Ermutigung, um weiterzumachen. Eines Tages, erzählte mir die Tante, hätten sie keinen einzigen Franken mehr im Portemonnaie gehabt, und der Vater habe gesagt: «Beten wir den Rosenkranz, das wird uns helfen.» Und kaum seien sie mit Beten fertig gewesen, hörten sie, wie jemand an die Tür klopfte. Es war ein Herr, der im Tal unterwegs war. Als er da vorüberkam, erinnerte er sich an die Kräzen von Giacobbe und hielt an, um ein paar Stück zu kaufen.

Als kleines Mädchen hatte ich mit der Tante wenig zu tun, denn nach dem Tod meines Vaters hatten wir zu seiner Familie keinen grossen Kontakt mehr. Doch später machten mich alle die Geschichten aus der Vergangenheit, die sie dank ihrem ausserordentlichen Gedächtnis so gut erzählte, neugierig, und ich besuchte sie und den Grossvater nun wieder öfter. Und was ich zu hören bekam, das waren interessante Begebenheiten, mit jeder Menge Namen und Jahreszahlen. Ich hörte auch dem Grossvater zu, der mit leiser Stimme berichtete, wie er als junger Mann nachts gerufen wurde, um die Herren zu begleiten, die im Sattel ihrer Tiere von Locarno bis nach Cevio ritten. Der Grossvater

Giacobbe gab ihnen mit den Pferden und dem Wagen, auf dem, unter einer Plane, ein paar mutige und gut bewaffnete Burschen sassen, das Geleit, um sie vor den Räubern zu schützen, die beim Engpass von *Piècc*³ den Reisenden auflauerten.

Doch die wahre Geschichtenerzählerin war *Tantepia*.

Eine dieser Geschichten, noch älter als die meines Grossvaters, hatte meine Tante von ihrem Grossvater Battista gehört. *Tantepia* erzählte: Zur Zeit der Landvögte soll in Avegno ein Bediensteter gelebt haben, dem es oblag, die Zehnten einzutreiben. Im Herbst begab sich der Steuereinnehmer nach Gordevio, um das Geschuldete zu verlangen, doch erhielt er zur Antwort, es sei ein mageres Jahr gewesen, die Dürre habe die Maisernte erheblich geschmälert und der herbstliche Dauerregen habe die Kartoffeln faulen lassen. Als er auf seiner Forderung beharrte, wurde er bedroht. Er zog ab mit den Worten, er werde wiederkommen – was er später im Winter auch tat, diesmal mit einer Hakenbüchse bewaffnet. Aber er kehrte nie mehr nach Hause zurück. Nachdem die Märzensonne den grossen Schnee jenes Winters geschmolzen hatte, fand man ihn: Er lag am Ufer des Flusses. Niemand hat jemals erfahren, ob sein Tod zufällig erfolgt war oder nicht.

---

3 Piegio, steile Felswand an der Nordgrenze der Gemeinde Avegno.

Es gab im Dorf welche, die Pia für eine Klatschtante mit viel Fantasie hielten. Für mich hingegen war sie eine vertrauenswürdige Chronistin. Und wenn in allen diesen Erzählungen auch ein wenig Klatsch gesteckt haben mochte, dann störte das gewiss nicht, so wenig wie die Chilischote, die die Pastasauce pikanter macht.

Bestimmt nicht erfunden war die Geschichte von jener unglückseligen Alten, die in vollkommener Armut verstorben war. Der Bruder, der mit ihr zusammenlebte, wickelte sie, um ja keine Kleider zu vergeuden, in ein abgenutztes Leintuch und legte sie in eine wurmstichige Kiste, um sich so auch das Geld für den Sarg zu sparen. Als die Träger während des Begräbnisses die Bahre hochhoben, brach die Holzkiste auseinander, und die Tote fiel halbnackt zu Boden. Bei diesem Anblick bat der entsetzte Priester die anwesenden Frauen, sie möchten dafür sorgen, sie zu kleiden, und gewiss wurde auch die Kiste geflickt, damit das Begräbnis seinen Fortgang nehmen konnte.

Wie viele Begebenheiten hat *Tantepia* mir erzählt! Fast allesamt waren sie tragisch oder traurig, denn schöne und glückliche taugen nicht viel für eine Geschichte.

Eine ohne Zweifel tragische Geschichte handelte von einem Mädchen, das neidisch gewesen sei, weil die jüngere Schwester sich vor ihr verlobt hatte. Aus diesem Grund schluckte sie in ihrer Verzweiflung die Säure, die ihr Vater bei seiner Arbeit als Flickschuster verwendete. «Sie war meine Taufpatin», sagte die Tante mit einem Kopfschütteln, «ich besuchte sie, sie schrie wegen der Schmerzen, die in ihr brannten, und wollte sich aus dem Fenster stürzen.» Und indem sie den Kopf senkte und ein Requiem flüsterte, schloss sie: «Zum Glück ist sie dann rasch gestorben!»

Traurig ist indessen die Geschichte eines Mannes, der verheiratet und bereits Vater von zwei Kindern war und ein weiteres Mädchen im Dorf schwängerte. Um der Vergeltung ihrer Brüder zu entgehen, haute er in aller Eile nach Amerika ab. Nach ein paar Jahren erfuhr man im Dorf, dass er jenseits des Ozeans gut untergekommen sei. Seine Schwester, die sich um die Schwägerin und deren Kinder gekümmert hatte, bezahlte ihnen die Passage, denn es sei Zeit, dass die Familie wieder beieinander sei. Als die drei aber in Kalifornien ankamen, trafen sie ihn mit der neuen Familie an, die er mit einer Mexikanerin gegründet hatte. *Tantepia* konnte mir allerdings nicht sagen, wie die Dinge schliesslich geregelt wurden. Hingegen weiss ich, dass die in Avegno geborenen Kinder mehrere Male auf Verwandtenbesuch ins Tessin zurückkehrten, denn ich habe sie als schon ältere Leute gesehen.

Und damit bin ich aufs Thema Amerika zurückgekommen.

Als auch ihr geliebter Vater starb, fingen zwischen den Geschwistern bei der Aufteilung des Familienbesitzes die Erbstreitigkeiten an. *Tantepia* hätte nicht überleben können. Sie hatte auch ein dauernd geschwollenes Bein und musste einen Stock gebrauchen; das Atmen bereitete ihr Mühe, weil, wie sie sagte, nur eine Lunge richtig funktionierte; die Feldarbeit wurde immer anstrengender. Und in diesem Familienzwist, der wegen der Aufteilung der Habe entstanden war, wusste die leicht Beeinflussbare nicht, auf welche Seite sich schlagen. Aus einem der Zufälle, wie sie sich im Leben oft ergeben, kamen die Witwe und die Tochter ihres Bruders Arturo, der viele Jahre zuvor nach Kalifornien ausgewandert war, auf Verwandtenbesuch. Wer die Idee hatte, weiss ich nicht, ob die Tante darum gebeten hatte oder die anderen es ihr angeboten hatten, jedenfalls packte sie die Koffer, verkaufte das wenige, was sie verkaufen konnte, überliess das Haus einem Neffen und verabschiedete sich hastig von allen.

Mit 52 Jahren schiffte sich Pia nach Amerika ein.

Es wurde eine denkwürdige Überfahrt: Zum ersten Mal sah sie das Meer, und als sie in der Neuen Welt ankam, war alles gross, sagte sie; die Häuser waren riesig, und Leute gab es viele, viele. Sie gewöhnte sich daran, zusammen mit der Schwägerin und der Nichte in deren Wäscherei zu arbeiten, lernte Englisch, erwarb die amerikanische Staatsbürgerschaft und machte in der Tessiner Kolonie von Modesto viele Bekanntschaften. Dann ging das gute Einvernehmen mit den Verwandten in Brüche, und die Schwägerin sagte ihr klipp und klar, sie werde nun aus ihrem Haus verschwinden und ins Tessin zurückkehren müssen. Ein Platz war auch schon für sie reserviert worden, und zwar auf einem Frachter, damit es nicht allzu viel kostete. Wahrscheinlich führte das Leben in Amerika, das sich so sehr vom Leben in der Heimat unterschied, zu Kritik und Unverständnis zwischen ihnen. Für sie war es ein Trauma!

Wovon sollte sie nach ihrer Rückkehr leben?

Wenige Tage vor der geplanten Abreise ging die Tante in die Herz-Jesu-Kirche in einen Gottesdienst, der von vielen Tessinern besucht wurde, und sprach so zu Gott: «Wenn du mir nicht hilfst und ich wirklich heimkehren muss, werde ich mich ins Wasser stürzen, das garantiere ich dir, amen!» Als sie aus der Kirche kam, trat eine Frau, die in der Messe gewesen war, an sie heran und fragte sie, ob sie sich fähig fühle, eine alte Kranke zu betreuen. *Tantepia* freute sich und sagte zu, auch weil sie dasselbe während vieler Jahre für ihre Eltern getan hatte. Als die alte Patientin starb, wurde Pia von einer anderen Familie geholt. Und so blieb sie in Amerika und pflegte liebevoll ältere Menschen. Sie schrieb nach Hause und schickte Fotografien mit, zum Beispiel eine, auf der sie zufrieden lächelte und auf deren Rückseite sie geschrieben hatte: «Ich habe für Kennedy gestimmt!»

Stolz wie eine Amerikanerin.

Doch das Heimweh nach ihrem Dorf hatte sie nie ganz verlassen, und so packte sie nach fast zwanzig Jahren Amerika wieder die Koffer und kehrte nach Hause zurück. Wer sie ankommen sah, erinnert sich noch an das Erstaunen, das sie auf dem Weg von der Bushaltestelle zu ihrem Haus am Ende des Dorfes erregte. Anstelle der dunklen Kleider, die sie stets getragen hatte, kam sie mit einem langen, hellen Staubmantel daher, den eine grosse Brosche am Revers zierte, und – das Allerseltsamste – mit einem blumengeschmückten Hütchen auf dem Kopf. Doch Hut und Mantel landeten ohne Zweifel für immer zuhinterst in einem Schrank, denn man sah sie niemals wieder! Sie zog nämlich sofort wieder ihre dunklen Kleider an, so auch ihre schwarzen und blauen Schürzen mit den weissen Blümchen. Eines Tages schenkte sie mir ihre Brosche. Ich habe sie aufbewahrt, nicht ihres Wertes wegen – sie war aus Blech –, sondern als Andenken an eine tapfere Frau.

Ich ging sie oft besuchen.

Sie war gealtert, zog das immer dicker geschwollene, immer schwerere Bein nach und behalf sich mit einem Stock. Amerika hatte ihren Charakter nicht verändert. Optimistisch wie eh und je, spielte sie ihre Schwierigkeiten herunter, lachte häufig und erzählte und erzählte. In ihren Geschichten kam nun auch die Neue Welt vor, und in den Dialekt schlichen sich oft neue Wörter ein – englische. Sie las Zeitungen, interessierte sich für amerikanische Politik und ärgerte sich, wenn der Dollar fiel, denn so wurde die kleine Pension, die sie von jenseits des Meeres erhielt, noch kleiner. Die paar Dollar und die AHV erlaubten ihr, ein ruhiges Leben zu führen, war sie doch äusserst genügsam. Sie hatte eine grosse Kühlbox angeschafft, in der sie das Gemüse ihres Gartens haltbar machte. Nie verliess ich ihr Haus ohne eine Packung Tiefgefrorenes in der Hand. Doch es waren nicht ihre grünen Bohnen, die mich häufig zu ihr zurückkehren liessen. Was mich zu ihr führte, waren ihre Erzählungen, ihre Geschichten und meine Gefühle für sie.

Später wurde sie in einem Altersheim untergebracht.

Auch dort gewöhnte sie sich gut ein und verbrachte sie mehrere Jahre, ohne je zu klagen. Nach ihrem 94. Jahr fing sie an, sich nur noch an die alten Zeiten zu erinnern, zu mir sagte sie, ich solle meine Mutter grüssen, die doch schon lange tot war. Dann kam auch für sie der Tag des Abschieds. Sie war ruhig, fast glücklich, denn sie war sich sicher, ihrem Vater wiederzubegegnen. Als ich sie im Sarg liegen sah, erkannte ich sie kaum wieder. Sie hatte nicht mehr den demütigen und bescheidenen Ausdruck, der sie stets begleitet hatte; ihre schöne, hohe Stirn, die noch dichten, weissen Haare, die feine, gerade Nase – ein wenig hakenförmig wie die ihres Vaters – deuteten aber auf ihre grosse Charakterstärke hin.

Nach *Tantepias* Tod war das Dorf ein wenig ärmer als zuvor, denn mit ihr hatte es einen der letzten Menschen verloren, die Vergangenheit und Gegenwart miteinander zu verbinden wussten.

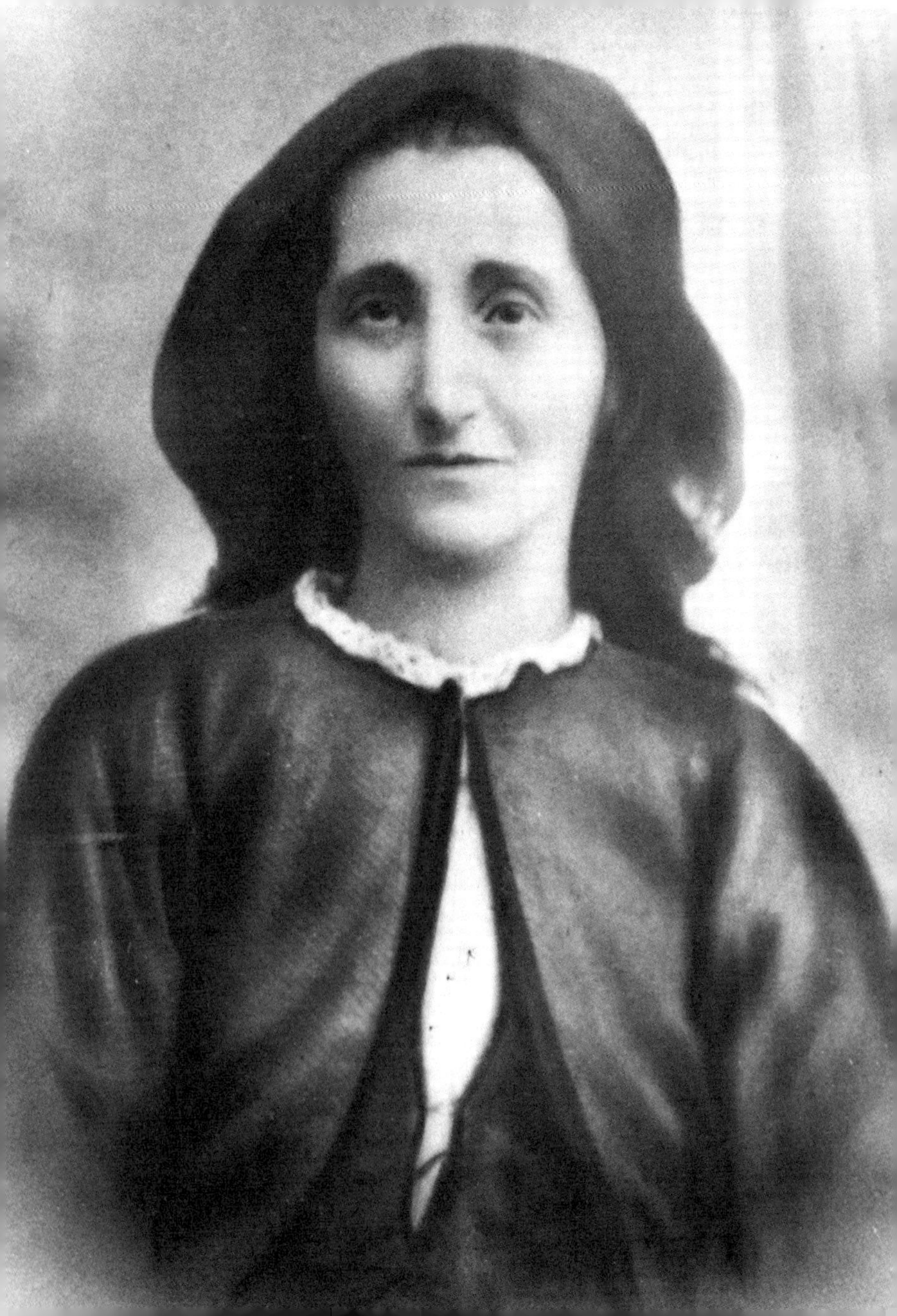

# La Deláida, la Tilda e la Lüzíign

# Adelaide, Matilde und Lucia

La *Catalína Bèla*.
«Per una strana combinazione il ritratto della *Catalína Bèla*, colei con la quale comincia la mia storia, è arrivato in mio possesso: l'ho appeso al muro di casa mia, quasi per restituirle quel posto nella famiglia che i miei avi le avevano negato.» (p. 131)

Die Schöne Caterina.
«Dank einem seltsamen Zufall ist das Porträt der *Catalína Béla*, der Schönen Caterina, mit der meine Geschichte beginnt, in meinen Besitz gelangt. Ich habe es bei mir zu Hause an die Wand gehängt, um ihr ein wenig den Platz in der Familie zurückzugeben, den ihr meine Vorfahren verweigert hatten.» (S. 138)

# La Deláida, la Tilda e la Lüzíign

Per parlare di queste tre sfortunate sorelle, devo fare un passo indietro nel tempo perché la sorte di queste donne è già cominciata prima della loro nascita.

Quando Caterina, detta la *Bèla*, si trovò incinta per opera di suo cugino Pietro, della famiglia dei *Pilomár*, in casa sua scoppiò lo scandalo. I suoi genitori, le sorelle e i fratelli, fra i quali c'era anche mio nonno Giacobbe (che io ho conosciuto come una persona buona e con una fede profonda), la rinnegarono. Fu chiesta la dispensa per le nozze che avvennero al mattino presto, presenti solo gli sposi e i testimoni. Caterina, o Catalína com'era comunemente chiamata, andò ad abitare con i suoceri e le cognate che la detestavano perché non le perdonavano il disonore portato in casa. Nacque un figlio: Donato. Poi altre tre nascite rallegrarono, per così dire, la famiglia: Adelaide, Matilde e Lucia.

*Catalína* lavorava come una schiava. Ben presto, non so se per ordine della suocera, delle cognate, del marito o forse da tutti insieme, fu relegata a dormire in soffitta fra polvere e caldo d'estate e spifferi gelati d'inverno. Non c'era amore né compassione per lei. Eppure i *Pilomár* non erano poveri: avevano campagna e bestiame. Il marito, che lavorava come muratore, partiva a piedi per Locarno che era ancora notte e tornava a sera tardi.

*Deláida*, la prima figlia, nacque a *Scaladri*[1], dove *Catalína*, tutta sola, falciava e riponeva il fieno di quei prati posti a metà montagna. Quando diversi giorni dopo, a lavoro terminato, tornò al piano, portò la figlia nella gerla su un mucchietto di fieno proprio come Gesù nella mangiatoia. Non so dove nacquero le altre figlie, ma certo è che tutte e tre non ebbero un'infanzia facile, rifiutate dalla famiglia della madre e detestate da quella del padre. Benché io abbia frequentato la casa di mio nonno Giacobbe, né da lui né dagli zii, ma neppure da mio padre ho mai saputo di essere cugina della *Deláida* e delle altre due sorelle.

Posso raccontare poco del fratello Donato perché partì presto dal paese, prima che potessi conoscerlo. So che fondò un'impresa che però in poco tempo fallì. Quando in seguito tornò ad Avegno, ipotecò tutti gli averi della famiglia, compresa la casa, e poi ripartì per sempre. Si stabilì in Francia dove si sposò ed ebbe una figlia che, fino a poco tempo fa, abitava a Parigi.

Sulle spalle della famiglia restarono i debiti da pagare per riscattare la roba. I suoceri oramai se n'erano andati da tempo, mentre *Catalína* e Pietro, s'invecchiava presto a quei tempi, non potevano lavorare granché. *Deláida* si era sposata con Aquilino ma, rimasta presto vedova e senza figli, ritor-

1  Monte Scaladri

nò alla casa paterna. Anche i suoi genitori morirono poco dopo, così che tutto il peso dei debiti e la responsabilità della famiglia ricaddero sulle sue spalle.

Era un peso grave.

La *Tilda*, dicono a causa d'una meningite contratta a tre anni, era completamente idiota. Fu anche mandata per alcuni giorni a scuola ma ancora tanti anni dopo, quando faceva le bizze come una bambina, ripeteva arrabbiata *«Non è vero che Tilda ha fatto cacca a scuola: è una bugia»*. Era forte come un uomo e fu impiegata soprattutto a portare grandi *gerlate*[2] di letame. Aveva continuamente in braccio una bambola di pezza lacera e lercia che cullava con grande amore. Non era cattiva e rideva spesso, ma non perse mai l'abitudine di rifare ciò che aveva fatto a scuola. A volte odorava più della sua *gerlata* di letame.

La *Lüzŧign* era deforme, piccola e gobba. Mi ricordo di lei come di una donnina con la schiena storta, sempre accigliata e stizzosa. Penso che il suo handicap le pesasse enormemente. Fu un periodo difficile per le tre donne, fatto di fatiche e di sconfitte.

Poi qualcosa cambiò!

Un figlioccio della *Deláida*, abitante a Tegna, a causa di un incidente sul lavoro, si trovò amputato di una mano. Essendo ormai invalido al lavoro di falegname, desiderò

2  Contenuto di una gerla

tornare al suo paese. *Deláida* gli offrì ospitalità e il destino finalmente sembrò prendere un'altra strada.

Il figlioccio, benché invalido, aveva imparato a destreggiarsi con una specie di uncino al posto della mano. Praticamente poteva falciare, spaccare legna, accudire alla vigna e altro ancora. Non poteva però mungere le mucche e legare la vite, ma *Deláida* era ancora capace di fare la sua parte di lavoro. Insieme al figlioccio arrivarono, in casa *Pilomár*, sua moglie Velia e un figlio ancora piccolo. Fu una benedizione del Cielo! La moglie, una signora elegante sempre ben vestita, non aveva mai munto una mucca, né portato una gerla carica, ma era piena di buona volontà e quindi imparò tutto sui lavori di campagna. Anche la casa cambiò: fu imbiancata la cucina nera di fuliggine, alle finestre e sul balcone comparvero vasi di fiori.

Ma soprattutto fra quelle vecchie mura arrivò l'amore.

Velia fu gentile, comprensiva e amò quelle tre povere creature ormai anziane. Il figlioletto poi fu una gioia in quell'abitazione che da tanto tempo non conosceva che il dolore. Per la *Deláida* furono la figlia mai avuta e il piccolo nipotino. Per la giovane sposa la *Deláida* fu come una madre e le altre due persone anziane degne di rispetto e di cure: una da lavare e pulire, l'altra bisognosa di compassione per la sua infermità.

La *Lüzíign* morì all'ospedale a causa di un cancro al seno. La *Tilda* si spense in casa, probabilmente stringendo fra le braccia la sua bambola di pezza, assistita da colei che le offriva rispetto e affetto.

*Deláida* invece visse ancora a lungo.

Per un ultimo colpo del destino le fu amputata una mano, colpita da un'infezione inguaribile. Ma non si lamentava mai. Era una donna allegra, serena, con la battuta pronta, con la voglia di raccontare barzellette e con una profonda filosofia di vita. Si arrangiava a lavorare all'uncinetto con la sola mano rimasta. Di lei conservo ancora una copertina di lana fatta per la mia ultima figlia, che non si addormentava senza averla nel letto.

Poi anche per la *Deláida* arrivò il giorno del commiato che avvenne nella sua casa, assistita da quella che da tempo era la sua famiglia e che la pianse come una mamma e una nonna.

Per una strana combinazione il ritratto della *Catalína Bèla*, colei con la quale comincia la mia storia, è arrivato in mio possesso: l'ho appeso al muro di casa mia, quasi per restituirle quel posto nella famiglia che i miei avi le avevano negato.

# Adelaide, Matilde und Lucia

Um von diesen drei unglücklichen Schwestern reden zu können, muss ich etwas weiter in die Vergangenheit zurückblicken, denn das Schicksal dieser Frauen hatte seinen Anfang schon vor ihrer Geburt genommen.

Als Caterina, die «Schöne» genannt, von ihrem Cousin Pietro aus der Familie der *Pilomár* geschwängert wurde, brach bei ihr zu Hause ein Skandal aus. Ihre Eltern und ihre Geschwister, darunter auch mein Grossvater (den ich als gutherzigen, tief gläubigen Menschen kennenlernte), verstiessen sie. Man ersuchte um Aufhebung des Eheverbotes, und die Trauung fand am frühen Morgen statt, anwesend waren nur das Brautpaar und die Zeugen. Caterina – oder *Catalína*, wie sie gewöhnlich genannt wurde – zog bei ihren Schwiegereltern und Schwägerinnen ein, die sie verabscheuten, weil sie ihr die Schande, die sie über ihr Haus gebracht hatte, nicht verziehen. Ein Bub kam auf die Welt: Donato. Darauf brachten, um es so auszudrücken, drei weitere Geburten Leben in die Familie: Adelaide, Matilde und Lucia.

*Catalína* arbeitete wie eine Sklavin. Schon bald musste sie – ich weiss nicht, ob auf Befehl der Schwiegermutter, der Schwägerinnen, des Ehemanns oder vielleicht von allen zusammen – unter dem Dach schlafen, wo es sommers staubig und heiss und winters eiskalt und zugig war. Für sie gab es weder Liebe noch Mitleid. Nicht dass die *Pilomár* arm gewesen wären: Sie besassen Land und Vieh. Der Ehemann arbeitete als Maurer. Wenn es noch Nacht war, brach er zu Fuss nach Locarno auf, und spätabends kehrte er zurück.

Adelaide, die älteste Tochter, kam in *Scaladri* zur Welt, wo *Catalína* ganz allein mähte und das Heu dieser auf mittlerer Höhe gelegenen Bergwiesen einbrachte. Als sie ein paar Tage später nach getaner Arbeit ins Tal zurückkehrte, lag die Tochter in der geschulterten Kräze auf einem Häufchen Heu wie Jesus in der Krippe. Wo die anderen Töchter geboren wurden, weiss ich nicht, sicher ist nur, dass alle drei keine einfache Kindheit hatten, wurden sie doch von der Familie der Mutter abgelehnt und von der des Vaters verabscheut. Obwohl ich im Haus meines Grossvaters Giacobbe ein und aus ging, habe ich weder von ihm noch von Onkeln und Tanten, ja nicht einmal von meinem Vater je erfahren, dass ich die Cousine von Adelaide und ihrer beiden Schwestern war.

Über Donato, den Bruder, kann ich nicht viel erzählen, denn er ging zu früh aus dem Dorf weg, als dass ich ihn hätte kennenlernen können. Soviel ich weiss, gründete er eine Firma, die allerdings nach kurzer Zeit Bankrott machte. Als er in der Folge nach Avegno zurückkehrte, verpfändete er die ganze Familienhabe mitsamt dem Haus, und dann ging er wieder weg, diesmal für immer. Er liess sich in Frankreich nieder, heiratete und wurde Vater einer Tochter, die noch bis vor kurzer Zeit in Paris lebte.

Auf der Familie blieben als Last die Schulden zurück, die sie abzuzahlen hatte, um ihre Habe einlösen zu können. Die Schwiegereltern waren nun schon einige Zeit tot, *Catalína* und Pietro indessen – man alterte rasch in jenen Zeiten – konnten nicht mehr so viel arbeiten. Adelaide hatte sich mit Aquilino verheiratet, doch da sie bald Witwe wurde und kinderlos geblieben war, kehrte sie ins Vaterhaus zurück. Auch ihre Eltern starben kurz darauf, sodass alle Schulden und die Verantwortung für die Familie nun auf ihren Schultern lasteten.

Es war eine schwere Last.

Matilde soll wegen einer Hirnhautentzündung, mit der sie als Dreijährige angesteckt worden war, vollkommen schwachsinnig gewesen sein. Man schickte sie auch ein paar Tage lang in die Schule, aber viele Jahre später noch, wenn sie wieder einmal störrisch war wie ein kleines Kind, sagte sie im Zorn immer wieder: «Es stimmt nicht, dass Matilde in der Schule Kacka gemacht hat, das ist eine Lüge!» Sie war stark wie ein Mann und hatte vor allem die Aufgabe, grosse Mengen Mist im Rückentragkorb zu befördern. Ständig hatte sie eine zerschlissene und schmutzige Stoffpuppe im Arm und wiegte sie liebevoll. Sie war nicht bösartig und lachte oft, aber nie gab sie die Gewohnheit auf, das zu tun, was sie in der Schule getan hatte. Manchmal roch sie strenger als ihr Fuder Mist.

Lucia war missgebildet, klein und buckelig. In meiner Erinnerung ist sie eine kleine, gekrümmte, stets finster dreinblickende, leicht reizbare Frau. Ich glaube, dass ihre Behinderung sie ungemein belastete. Für die drei Frauen war es eine schwere Zeit voller Anstrengungen und Misserfolge.

Dann aber änderte sich etwas!

Ein Patensohn von Adelaide, der in Tegna lebte, verlor bei einem Arbeitsunfall eine Hand. Da er fortan als Schreiner arbeitsunfähig war, wollte er in sein Dorf heimkehren. Adelaide nahm ihn gastfreundlich bei sich auf, und so schien das Schicksal endlich einen anderen Lauf zu nehmen.

Obgleich invalid, hatte der Patensohn gelernt, mithilfe einer Art Haken anstelle der verlorenen Hand zurechtzukommen. Ganz gut konnte er Gras mähen, Holz spalten, die Reben besorgen und auch anderes. Kühe melken und Reben hochbinden konnte er hingegen nicht, aber Adelaide war noch imstande, ihren Teil Arbeit beizutragen. Zusammen mit dem Patensohn zogen auch dessen Frau Velia und ein noch kleines Kind ins Haus *Pilomár* ein. Es war ein Segen des Himmels! Die Frau, eine elegante, immer gut gekleidete Dame, hatte noch nie eine Kuh gemolken noch je eine volle Kräze getragen, aber sie war gutwillig und erlernte in der Folge alles über die Feldarbeiten. Auch im Haus änderte sich vieles: Die russgeschwärzte Küche wurde weiss getüncht, vor den Fenstern und auf dem Balkon erschienen Blumentöpfe.

Doch allem voran kam Liebe zwischen diese alten Mauern.

Velia war freundlich, verständnisvoll und mochte diese drei bedauernswerten, nunmehr betagten Gestalten sehr. Und dann war das Söhnchen ein richtiger kleiner Sonnenschein in dieser Behausung, die so lange Zeit nichts als Leid gekannt hatte. Für die kinderlose Adelaide waren die beiden wie Tochter und kleines Enkelkind. Für die junge Ehefrau war Adelaide wie eine Mutter. Und den anderen zwei alten Frauen begegnete sie mit Respekt und Hilfsbereitschaft: Die eine musste gewaschen und gesäubert werden, die andere brauchte Verständnis für ihre Behinderung.

Lucia starb an Brustkrebs im Spital. Matilde entschlief zu Hause, wahrscheinlich mit ihrer Stoffpuppe im Arm, fürsorglich betreut von der Frau, die ihr Achtung und Zuneigung schenkte.

Adelaide hingegen lebte noch lange Zeit.

Das Schicksal schlug zum letzten Mal zu, als ihr infolge einer unheilbaren Infektion eine Hand amputiert wurde. Aber sie klagte nie. Sie war eine fröhliche, heitere, schlagfertige Frau, die gern Witze erzählte und über eine grosse Lebensweisheit verfügte. Zum Häkeln reichte ihr nun eine einzige Hand. Von ihr ist mir eine kleine wollene

Decke geblieben, die sie für meine jüngste Tochter gehäkelt hatte. War die nicht bei ihr im Bett, schlief sie nicht ein.

Dann kam auch für Adelaide der Tag des Abschieds, und zwar zu Hause, in der Obhut jener, die seit Langem ihre Familie waren und die wie um eine Mutter und Grossmutter um sie trauerten.

Dank einem seltsamen Zufall ist das Porträt der *Catalína Béla*, der Schönen Caterina, mit der meine Geschichte beginnt, in meinen Besitz gelangt. Ich habe es bei mir zu Hause an die Wand gehängt, um ihr ein wenig den Platz in der Familie zurückzugeben, den ihr meine Vorfahren verweigert hatten.

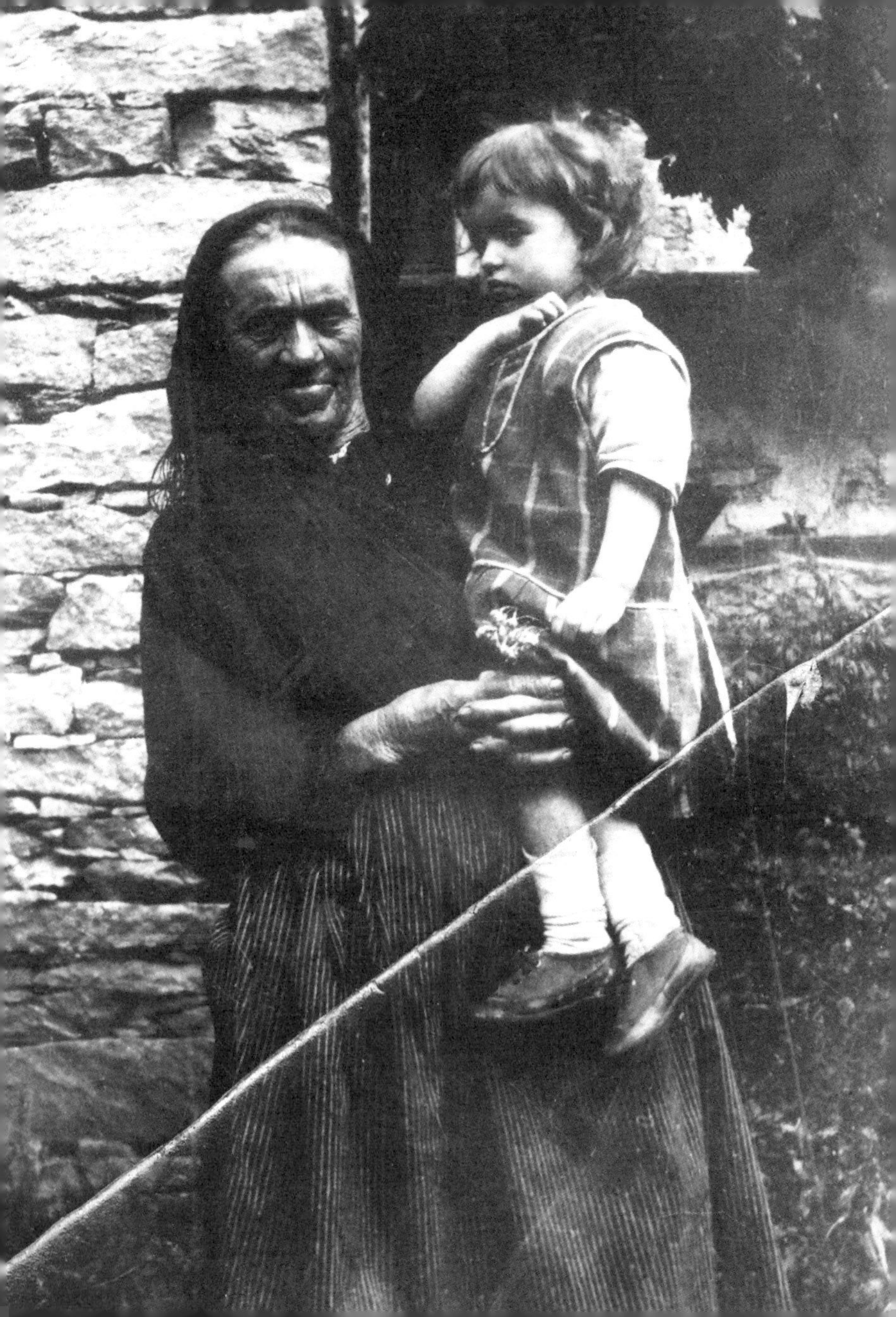

# Ho trovato il diario di mia nonna

# Ich habe das Tagebuch
# meiner Grossmutter gefunden

La nonna Felicita con Lia, sua nipote (verso 1930).
«So che la nonna si era sposata dopo i trenta, a quei tempi in tarda età per una ragazza da marito. Forse nessuno l'aveva cercata perché la sua famiglia era povera e le spese assurde di suo fratello Leopoldo avevano prosciugato i loro pochi risparmi.» (p. 78)

Die Grossmutter Felicita mit ihrer Enkelin Lia (um 1930).
«Ich weiss, dass die Grossmutter erst mit über dreissig geheiratet hat, was damals für ein Mädchen im heiratsfähigen Alter spät war. Vielleicht hatte auch keiner sie gewollt, denn ihre Familie war arm, und durch die Verschwendungssucht ihres Bruders Leopoldo waren die wenigen Ersparnisse aufgezehrt worden.» (S. 100)

# Ho trovato il diario di mia nonna

La primavera quest'anno si fa veramente desiderare.

Anche oggi ci regala una giornata fredda e piovosa. Pazienza, invece di recarmi nell'orto a seminare la lattuga deciderò finalmente di salire in soffitta per svuotare e pulire quel vecchio cassettone inutilizzato dove potrò riporre la biancheria da letto. Mi rincresce buttarla, ma ai giorni nostri non serve più perché si usano i pratici lenzuoli con l'elastico ai bordi e i comodi piumoni. Salgo.

Il comò è vecchio e solido anche se un po' tarlato. Svuoto e levo i cassetti. Il secondo non vuol uscire. Tasto, tocco, tiro e finalmente arrivo a liberarlo. Stupita vedo che possiede uno scompartimento segreto. Ho il timore di aprirlo, chissà cosa troverò. L'apro. Niente di luccicante o prezioso. C'è solamente un quadernetto dalla copertina macchiata e dalle pagine ingiallite. Sulla prima pagina ci sono solo il nome di mia nonna e due date: 1895-1896.

Non c'è luce nella soffitta, abbandono ogni idea di pulizia e scendo in cucina. Mi preparo una tazza di caffè, mi siedo, inforco gli occhiali e sfoglio velocemente il quaderno. La calligrafia è incerta, qua e là le parole sono semicancellate, macchiate dal viola della matita copiativa. Torno all'inizio e comincio a leggere.

«*Marzo*
*Sono sola.*
*Anche la mamma se n'è andata. Era sempre stanca e la vedevo consumarsi adagio adagio come una pianta che secca quando non ha più linfa. Era buona la mia mamma, veniva da un paese pieno di sole. Conobbe mio padre che vi si era recato a lavorare come pastore. Lo sposò e lo seguì in questo villaggio freddo dove anche l'erba stenta a crescere. Lui è morto già da due anni, non era cattivo ma molto severo. Certo ho provato dolore per la sua morte ma, quando dieci giorni fa sono entrata nella camera della mamma per portarle la colazione e l'ho trovata per sempre addormentata con sul viso un'espressione tranquilla e quasi sorridente, avrei voluto morire anch'io».*

Sono commossa.

Il foglio è macchiato, forse sono lacrime. Non avevo mai pensato che la nonna, sempre seria, severa e chiusa avesse avuto, un tempo, un cuore giovane. Esco un attimo, ho bisogno di calore, che non c'è e di luce. Nei tre mesi successivi, sul quaderno, ci sono soltanto commenti sui lavori di potatura delle viti, sul tempo piovoso che ostacola la fienagione, su patate che crescono bene e sulla grande solitudine nella piccola casa dalle pareti annerite dal fumo e dal tetto che lascia filtrare l'acqua.

Poi la sofferenza diventa troppo grande e lei ha bisogno di nuovo di sfogarsi!

«*Luglio*
*Non so cosa fare.*
*Lavoro ancora i terreni di nostro padre, ma il fratello e le sorelle mi hanno fatto capire che vogliono la loro parte. La roba non è tanta e, divisa fra noi quattro, cosa mi resta? Non potrò tenere nemmeno la mucca. Ho chiesto al fratello di prendermi in casa sua, sarei una buona serva, ma la cognata mi ha fatto comprendere che non vuole una bocca in più da sfamare. Non ho speranze per il mio futuro perché so che da noi una donna sola non conta niente. Prego sempre la mamma perché dal Cielo mi aiuti*».

Ho un nodo alla gola nel leggere queste sofferenze, anche la calligrafia è incerta e irregolare. Devo smettere e occuparmi di altre faccende. Ma la sera sono di nuovo con il quadernetto in mano. Poche parole per agosto, la nonna non ha molto da dire, ma per il mese successivo le cose cambiano.

«*Settembre*
*È successa una cosa strana!*
*Un uomo ha fatto visita a mio fratello Ottavio e in mancanza del papà gli ha chiesto la mia mano. Ottavio me l'ha comunicato assieme alla sua approvazione. Quando ho saputo il nome di chi mi chiedeva in moglie volevo rifiutarlo, ma lo sguardo di mio fratello era severo. Non lo voglio, è vecchio, ha trent'anni*

*anni più di me, potrebbe essere mio padre, è vedovo, le sue figlie hanno circa la mia età. E poi è senza timore di Dio perché ha vissuto per anni con la cognata vedova di cui ha avuto anche una figlia.*
*Non lo voglio, ma non posso ribellarmi. Ho già trentaquattro anni, non sono bella e sono povera, cosa posso pretendere di più? Mio fratello mi dice:*
*– Sposalo, è la tua ultima e unica occasione, non è cattivo, ha la casa, dei terreni ed è un buon lavoratore.*
*Allora ho detto di sì, ma la sera quando resto sola, piango».*

Piangerei anch'io.

Sono contenta che la nonna, a differenza di tante sue coetanee, non fosse analfabeta altrimenti nel cassetto non ci sarebbe stato nessun tesoro.

«*Ottobre*
*Ho incontrato il mio futuro marito.*
*È venuto in casa di Ottavio. È gentile, ma mi intimidisce. Capelli e barba sono quasi bianchi. Gli do del voi, come a mio padre. Fuma il sigaro cosa che in casa nostra nessuno ha mai fatto.*

*Novembre*
*Il matrimonio è fissato per il prossimo gennaio.*
*Comincio a preparare il mio corredo che non è molto, i miei*

*pochi vestiti, qualche lenzuolo di tela di canapa e due coperte di lana filate e tessute da mia mamma.*

*Gennaio*
*Sono una donna maritata.*
*Lui non è cattivo con me. La sua casa è più grande di quella che ho lasciato, ma mi è estranea come colui che è mio marito.*

*Febbraio*
*Ho abbastanza cibo, ho un tetto che mi protegge e come donna sposata ho il diritto di essere rispettata. Adempio tutti i miei doveri di moglie, ma mi manca tanto la mia famiglia.*
*In casa parliamo soltanto dei lavori da eseguire e alla sera lui va all'osteria. La casa mi sembra ancora più vuota e più fredda, anche se ora ho abbastanza legna per il focolare.*

*Aprile*
*Quando mi sono sposata ho promesso amore e rispetto per mio marito. L'ho sempre fatto anche se non provavo altro sentimento. Ma ora credo che arriverò a volergli bene perché mi ha fatto un dono bellissimo.*
*Aspetto un figlio!*
*Sarò madre. Avrò qualcuno da proteggere e da amare. Gliel'ho comunicato e per la prima volta l'ho chiamato per nome dicendo:*
*– Grazie Battista!»*

Per i mesi seguenti non c'è più niente di scritto. La felicità non fa storia! Soltanto poche frasi chiudono questa cronaca.

*«Novembre*
*È nata una bambina.*
*È bella e sana con tanti capelli neri. L'ho stretta tra le mie braccia e le ho dato il mio latte. È mia e mai nessuno potrà portarmela via».*

Il diario di mia nonna finisce qui.

Alla fine ci sono ancora parecchie pagine bianche. Su una di queste scrivo la data di oggi e *«Adesso so perché mi piace scrivere. Grazie nonna»* e lo firmo.

Sono risalita in soffitta, ho terminato le pulizie del cassettone, ho rimesso il quadernetto nel suo scompartimento segreto. Lo lascio lì: è il suo posto, nascosto, protetto. Forse mia nipote un giorno verrà qui e troverà questo diario. Forse un'altra data e un'altra frase verrà scritta sulle pagine bianche.

Domani riempirò i cassetti con la biancheria da letto, in mezzo alla quale ci sono ancora due vecchie lenzuola di tela di canapa che la nonna ha portato come dote.

# Ich habe das Tagebuch
# meiner Grossmutter gefunden

Dieses Jahr lässt der Frühling wirklich auf sich warten.

Auch heute beschenkt er uns mit einem kühlen und regnerischen Tag. Da lässt sich nichts machen, und statt im Garten Salat zu säen, entscheide ich mich schliesslich, auf den Dachboden zu steigen und dort diese alte, nicht mehr gebrauchte Kommode zu räumen und zu reinigen, in der ich die Bettwäsche werde verstauen können. Es reut mich, sie wegzuwerfen, aber heutzutage ist sie halt zu nichts mehr nütze, weil die praktischen Fixleintücher mit den elastischen Rändern und die bequemen Daunendecken gebräuchlich sind. Ich gehe hinauf.

Die Kommode ist alt und stabil, obgleich ein wenig wurmstichig. Ich leere die Schubladen und ziehe sie heraus. Die zweite will nicht herauskommen. Ich fingere, drücke, ziehe, und endlich schaffe ich es, sie zu lösen. Mit Erstaunen sehe ich, dass sie ein Geheimfach besitzt. Ich fürchte mich, es zu öffnen – wer weiss, was ich vorfinden werde. Nun öffne ich es. Nichts Glänzendes oder Wertvolles. Nichts als ein kleines Heft mit fleckigem Umschlag und vergilbten Seiten. Auf der ersten Seite stehen einzig der Name meiner Grossmutter und zwei Jahreszahlen: 1895–1896.

Auf dem Dachboden ist kein Licht, deshalb gebe ich alle

Putzabsichten auf und gehe in die Küche hinab. Ich mache mir eine Tasse Kaffee, nehme Platz, setze die Brille auf und durchblättere das Heft rasch von vorne nach hinten. Die Handschrift ist unsicher, da und dort ist ein Wort zur Hälfte verwischt von violetten Tintenstiftflecken. Ich blättere zum Anfang zurück und beginne zu lesen.

*März*
*Ich bin allein.*
*Auch die Mutter ist gegangen. Sie war immer müde, und ich sah, wie sie allmählich dahinwelkte, einer Pflanze gleich, die vertrocknet, wenn sie keinen Saft mehr hat. Sie war gutherzig, meine Mutter, und kam aus einem Land voller Sonne. Meinen Vater lernte sie kennen, als er dorthin gegangen war, um als Hirte zu arbeiten. Sie heiratete ihn und folgte ihm in dieses kalte Dorf, wo selbst das Gras nur mit Mühe wächst. Er ist schon seit zwei Jahren tot, böse war er nicht, aber sehr streng. Freilich schmerzte mich sein Tod, doch als ich vor zehn Tagen die Kammer der Mutter betrat, um ihr das Frühstück zu bringen, und ich sah, dass sie für immer eingeschlafen war, mit einem ruhigen Gesichtsausdruck, fast lächelnd, da hätte ich auch gleich sterben mögen.*

Das geht mir sehr nah.
Das Blatt ist verkleckst, vielleicht sind es Tränen. Ich hatte nie daran gedacht, dass das Herz meiner immer ernsten,

strengen und verschlossenen Grossmutter auch einst jung gewesen war. Ich gehe einen Moment nach draussen, ich brauche Licht und Wärme – die fehlt hier. In den darauffolgenden drei Monaten stehen im Heft nur Bemerkungen zum Rebenschneiden, zum regnerischen Wetter, das die Heuernte erschwert, zu den gedeihenden Kartoffeln und zur grossen Einsamkeit im kleinen Haus mit den rauchgeschwärzten Wänden und mit dem undichten Dach.

Dann wird das Leiden zu gross, und wieder muss sie sich Erleichterung verschaffen!

### *Juli*
*Ich weiss nicht, was ich tun soll.*
*Ich bearbeite noch die Grundstücke unseres Vaters, doch der Bruder und die Schwestern haben mir zu verstehen gegeben, dass sie ihren Anteil haben wollen. Viel ist nicht da, und wenn dieses Wenige erst unter uns vieren aufgeteilt ist, was bleibt mir dann noch? Nicht einmal die Kuh werde ich behalten können. Ich habe den Bruder gebeten, mich bei sich aufzunehmen, denn ich wäre eine gute Magd, aber die Schwägerin hat deutlich durchblicken lassen, dass sie nicht ein weiteres hungriges Maul zu stopfen haben will. Der Zukunft sehe ich ohne Hoffnung entgegen, weiss ich doch, dass eine alleinstehende Frau bei uns nichts gilt. Meine Mutter im Himmel bitte ich immer um Hilfe.*

Es schnürt mir die Kehle zu, wenn ich von diesem Leiden lese, auch die Handschrift ist unsicher und unregelmässig. Ich muss aufhören und mich um anderes kümmern. Doch am Abend halte ich das kleine Heft wieder in den Händen. Im August nur wenig Worte, die Grossmutter hat nicht viel zu erzählen, aber im darauffolgenden Monat ändern sich die Dinge.

*September*
*Etwas Merkwürdiges ist passiert!*
*Ein Mann hat meinen Bruder Ottavio besucht, und weil mein Vater nicht mehr da ist, bat er ihn um meine Hand. Ottavio teilte es mir mit und gab seine Zustimmung. Als ich den Namen des Mannes erfuhr, der mich zur Frau haben möchte, wollte ich zuerst ablehnen, doch mein Bruder blickte streng. Ich will ihn nicht, er ist alt, dreissig Jahre älter als ich, er könnte mein Vater sein und ist Witwer, seine Töchter sind ungefähr in meinem Alter. Und dann fehlt ihm jede Gottesfurcht, denn während Jahren lebte er mit seiner verwitweten Schwägerin zusammen und hat sogar eine Tochter von ihr.*
*Ich will ihn nicht, aber ich kann mich nicht widersetzen. Ich bin schon 34 Jahre alt, bin nicht schön und zudem arm: Was kann ich mehr verlangen? Mein Bruder sagt zu mir: «Heirate ihn, das ist deine letzte und einzige Gelegenheit. Er ist nicht böse, hat ein Haus, hat Land und ist ein fleissiger Arbeiter.»*

*Da habe ich also Ja gesagt, aber wenn ich abends allein bin, weine ich.*

Auch ich würde weinen.

Ich bin froh, war meine Grossmutter, anders als viele ihre Altersgenossinnen, keine Analphabetin, sonst hätte sich in der Schublade kein Schatz befunden.

*Oktober*
*Ich bin meinem künftigen Ehemann begegnet.*
*Er kam zu Ottavio nach Hause. Er ist zwar freundlich, macht mich aber verlegen. Haar und Bart sind beinah weiss. Ich spreche ihn mit Ihr an, wie einst meinen Vater. Er raucht Zigarren, was bei uns zu Hause noch nie jemand getan hat.*

*November*
*Die Hochzeit wird im kommenden Januar stattfinden. Ich fange an, meine Aussteuer zusammenzustellen, viel ist es nicht: meine wenigen Kleider, ein paar Betttücher aus Hanfstoff und zwei Decken aus Wolle, die meine Mutter gesponnen und verwebt hat.*

*Januar*
*Ich bin eine verheiratete Frau.*
*Er ist nicht böse zu mir. Sein Haus ist grösser als das, das ich verlassen habe, aber es ist mir fremd, genauso wie derjenige, welcher mein Ehemann ist.*

*Februar*
*Ich habe genug zu essen, habe ein schützendes Dach über dem Kopf, und als verheiratete Frau habe ich ein Recht auf Achtung. Ich erfülle alle Pflichten einer Ehefrau, aber ich vermisse meine Familie sehr.*
*Zu Hause reden wir nur über die Arbeiten, die es zu erledigen gilt, und abends geht er in die Wirtschaft. Das Haus erscheint mir noch leerer und kälter, auch wenn ich nun genügend Brennholz für den Herd habe.*

*April*
*Als ich mich trauen liess, gelobte ich meinem Gatten Liebe und Respekt. Ich habe es stets getan, auch wenn ich keine anderen Gefühle empfand. Doch jetzt glaube ich, dass es mir gelingen wird, ihn wirklich gern zu haben, denn er hat mir ein grosses Geschenk gemacht.*
*Ich erwarte ein Kind!*
*Ich werde Mutter sein. Ich werde jemanden zum Beschützen und zum Lieben haben. Als ich es ihm mitteilte, sprach ich ihn zum ersten Mal mit seinem Namen an, indem ich sagte: «Danke, Battista!»*

In den folgenden Monaten gab es keine Aufzeichnungen mehr. Glück macht keine Geschichten! Mit einigen wenigen Worten endet diese Chronik.

*November*
*Ein Mädchen ist zur Welt gekommen.*
*Die Kleine ist hübsch und gesund und hat viele schwarze Haare. Ich schloss sie in meine Arme und stillte sie. Sie gehört mir, niemals wird jemand sie mir wegnehmen können.*

Hier endet das Tagebuch meiner Grossmutter.

Am Schluss gibt es noch etliche weisse Seiten. Auf eine davon schreibe ich das heutige Datum und: «Nun weiss ich, warum ich so gerne schreibe. Danke, Grossmutter.» Dann unterschreibe ich.

Ich bin wieder auf den Dachboden gestiegen, habe die Kommode fertig gereinigt, das kleine Heft in sein Geheimfach zurückgelegt. Dort lasse ich es, es ist sein Platz, sein schützendes Versteck. Vielleicht wird eines Tages meine Enkelin hierher kommen und dieses Tagebuch finden. Vielleicht werden danach ein weiteres Datum und ein weiterer Satz auf den weissen Seiten geschrieben stehen.

Morgen fülle ich die Schubladen mit der Bettwäsche, darunter sind noch zwei alte Betttücher aus Hanfstoff, die meine Grossmutter als Mitgift in die Ehe einbrachte.

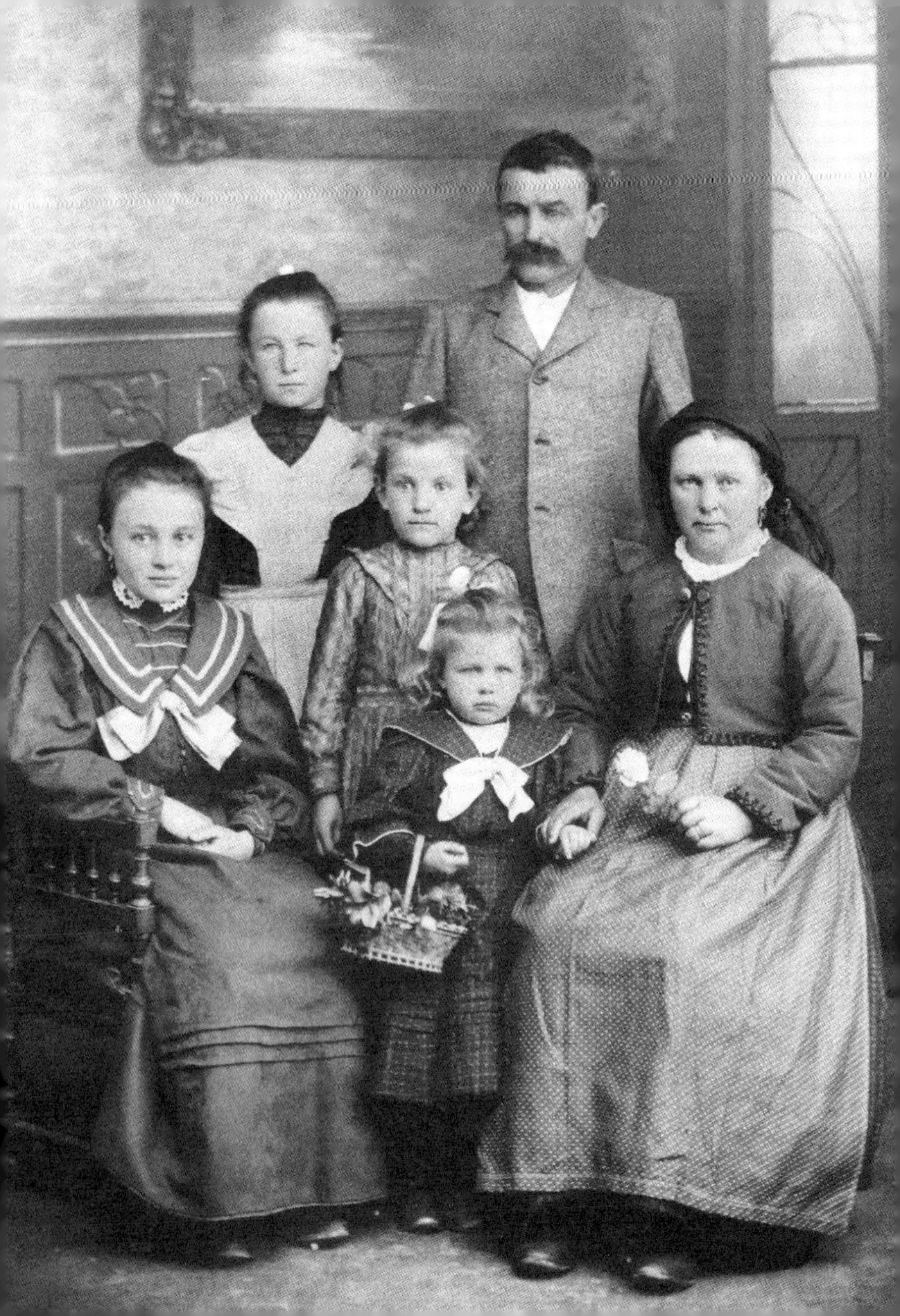

# La casa delle quattro sorelle

# Das Haus der vier Schwestern

Le quattro sorelle e i loro genitori, il *Pedro* e la *Menghina*.
«Isolina, Piera, Agnese e Giacomina erano le quattro sorelle della casa con il camino che non fuma più.» (p. 161)

Die vier Schwestern und ihre Eltern, *Pedro* und *Menghina*.
«Isolina, Piera, Agnese und Giacomina, das waren die vier Schwestern im Haus mit dem Kamin, aus dem kein Rauch mehr steigt.» (S. 169)

# La casa delle quattro sorelle

Sto scrivendo seduta al tavolo di cucina.

Guardo la montagna di fronte, coperta da innumerevoli betulle dalla chioma di un bel verde brillante. I castagni invece non hanno ancora completamente buttato le foglie. I ciliegi selvatici sono già sfioriti in fretta e furia sotto l'acqua che non dava tregua. Quest'anno, peggio ancora degli anni scorsi, la primavera ci ha traditi, spesso nascosta dietro nuvoloni carichi di pioggia. Se ogni tanto, ma molto di rado, ci regalava un po' di sole, il vento freddo che lo accompagnava ci sconsigliava di riporre gli indumenti invernali. Vedo sui tetti delle costruzioni vicine, le piode grigie, lucide per la pioggia. Il camino sul tetto della casa delle quattro sorelle da tempo non fuma più parlando di abbandono e di tristezza.

Come tutti gli anziani rammento volentieri il passato nel quale spiccano principalmente figure di donne. C'era sì qualche personaggio maschile, a cui non dare troppa confidenza, raccomandava la nonna, perché poteva essere pericoloso. Fra i parenti vicini, a parte il vecchio zio Luca, che ci criticava sempre, e l'allegro zio Silvio che amava cantare anche se era stonato come un secchio, c'erano i cugini: quelli però non erano uomini, ma ragazzi come noi. La mia famiglia poi era composta, dopo la morte di papà, dalla mamma, quattro sorelle e un fratello ancora piccolo. Il vecchio nonno, affettuoso e gentile, non usciva mai da casa sua, tanto era curvo e sofferente per gli acciacchi.

Invece il cosmo femminile era numeroso con le mamme, le zie, la nonna, la prozia e tutte quelle donne che incontravo in campagna a far fieno, a vangare e a portar letame. Era un mondo che, come quello delle formiche, non smetteva mai di lavorare. Alla sera le donne stanche e quelle anziane che, come dicevano sconsolate, non «valevano più niente», si sedevano sulle panchine di sasso davanti alla porta di casa: le prime a tirare il fiato e le nonne a sentirsi ancora parte di quel mondo contadino di cui erano state protagoniste. A me, curiosa come ero, piaceva ascoltare le loro chiacchiere. Ogni tanto anche qualche nonno, silenzioso e con la pipa in bocca sedeva, come era suo diritto, sulla panchina di famiglia.

Fu così che conobbi l'Erminia, detta *Menghina*, e suo marito *Pedro Baciac*. Erminia era una donnina piccola e tonda. Rideva volentieri e parlava con tutti quelli che passavano. Lui invece parlava poco, non ricordo nemmeno la sua voce. Erano stati, come molti altri, contadini. Qualche mucca, capre, pecore, galline, molta terra al piano e in montagna. Insieme a un socio, lui cercava di combinare affari acquistando e vendendo bestiame. Sembra però che non avesse né la stoffa, né l'acume del mercante. Infatti un giovedì portò una mucca zoppa al *marcoo di vacc*[1] a Locarno in Piazza Castello. La vendette e ritornò a casa con qualche scudo in più nel borsello. Dopo qualche mese si recò ancora al mercato per cercare qualche buon affare. Vide una mucca che gli piaceva e la comperò, ma quando si incamminò per tornare a casa si accorse che la bestia zoppicava. Era la stessa da lui venduta mesi prima! La *Menghina*, donna dalle idee chiare, gli disse: *«Lascia stare gli affari e occupati della campagna, abbiamo quattro figlie a cui hai molto da insegnare»*.

Isolina, Piera, Agnese e Giacomina erano le quattro sorelle della casa con il camino che non fuma più.

Isolina nacque nel 1894, coetanea di mio papà. Nei miei ricordi lei è sempre stata una persona anziana. Piccola e magra, sempre vestita di scuro con i capelli precocemente grigi, seria e severa, aveva imparato a lavorare come se fosse l'uomo di casa. Non si era sposata. Molto devota non mancava mai alle funzioni religiose. La domenica dopo la messa insegnava la Storia sacra a noi ragazzi con molto impegno e molta severità. Assisteva i moribondi e vestiva i morti. Era lei che recitava il rosario nelle veglie funebri in casa del defunto. Erano preghiere che duravano a lungo con tanti Requiem e per noi ragazzi era difficile tenere gli occhi aperti.

A proposito di quelle lunghe orazioni, mi ricordo di una sera in casa del *Toni Tolat*, la cui moglie Clementina giaceva

1   Mercato delle mucche

chiusa nella bara posta lì sul tavolo di una cucina nera di fumo, illuminata appena appena da una debole lampadina che pendeva dal soffitto. Mia cugina e io eravamo sedute sulla panchina sotto una mensola che correva su tutta la lunghezza della parete, dove erano stati messi ad asciugare i formaggini freschi che gocciolavano ancora, proprio sulle nostre teste. Cercavamo invano di spostarci ma non si poteva. La situazione ci sembrava così comica che ci scoppiò *la ridarella*. Che ciò accadesse a una veglia funebre era veramente una cosa da vergognarsi. Ci alzammo e uscimmo, seguite dagli sguardi delle nostre mamme che non promettevano niente di buono. Una volta fuori, nella notte fredda e completamente buia, sfogammo la nostra assurda ilarità fino alle lacrime.

Torno a parlare di Isolina pensando alla sua bellissima voce, quando intonava i canti durante le funzioni religiose ma soprattutto ricordando quanto lavorasse. Quando i genitori diventarono vecchi e stanchi, lei divenne il capo famiglia. Potava e legava la vite, falciava il fieno al piano e ai monti, riempiva i fienili e accudiva le bestie. Portava letame per concimare i campi di patate e di mais. Era sempre in movimento, aiutata prima dalla sorella Giacomina e più tardi, fortunatamente, dai nipoti.

Nipoti appunto, perché Piera e Agnese si sposarono. Piera nata nel 1897 sposò Prospero di *Vinzòtt* e andò a stare nella casa insieme alla suocera e alle cognate. Un tempo, quando una ragazza si sposava, quasi sempre andava ad abitare insieme ai genitori del marito portando a quella famiglia rispetto, gioventù e nuova forza di lavoro.

Nacquero tre figli. La vecchia casa divenne piccola, così la nuova famiglia poté comperarne un'altra: «*a tremila franchi*» diceva orgoglioso Prospero. In quella casa ebbero i figli ai quali, come ama ripetere l'ultima, «*non mancò mai il cibo, pur non essendo ricchi*».

Agnese, classe 1900, si sposò con suo cugino Antonio, detto *Tonin*. Emigrato in America e poi tornato al paese, probabilmente con un piccolo gruzzolo. Gli sposi abitarono per diversi anni con la vecchia madre di lui, poi *Tonin*, siccome era un buon muratore, si costruì una nuova dimora vicina a quella della famiglia di Agnese.

Ho conosciuto alcuni di questi emigranti tornati al paese dopo aver fatto più o meno fortuna: il *Tonin*, il *Zepp Rianda*, il *Iàcom*, il Florindo e il fratello *Gido*; il Beniamino, i due Battista detti Bob, il Plinio, il *Gin* e il *Cécch Molèta* e la *Zìapia*.

Chi portava un po' di soldi si sposava e si costruiva la casa, gli altri si accontentavano di ricordare il passato. Ma quanto raccontavano! Noi ragazze ascoltavamo a bocca aperta queste avventure. Ci facevano sognare di poter partire e vedere queste grandi fattorie dove pascolavano centinaia di mucche. Come era possibile possedere tante bestie, quando qui per alimentarne un paio bisognava lavorare tutto un anno? *Tonin* non raccontava tanto, ma quando al *grott*[2] stava assieme ai soci, allora le mucche crescevano di numero, le patate, le cipolle e le carote diventavano grosse come mai viste qui da noi. E il sogno nelle nostre teste prendeva le stesse dimensioni dei prodotti di quella terra.

Nella vita di Agnese entrò presto il dolore. Due suoi gemelli, nati prematuri, non riuscirono a sopravvivere. Oltre ai diversi aborti, ebbe comunque due ragazzi e due ragazze. Un tragico incidente però le portò via un figlio e sua moglie, lasciando tre bambini orfani. Qualche anno dopo la figlia più giovane se ne andò poco più che trentenne. Non ho mai visto Agnese piangere per quelle ferite, anche se comprendo il suo dolore perché so quanto sia lacerante la perdita di un figlio. Ricordo questa donna, allora già anziana e da lungo tempo vedova, come una persona sempre gentile, generosa e sorridente. Tornando dal pollaio, passava davanti casa nostra e, se incontrava i miei figli, regalava loro delle uova. Ancor meglio ricordo il cesto di dolcissime albicocche, che raccoglieva da una grossa pianta nel suo giardino e che ogni anno ci posava sul tavolo di cucina perché anche noi potessimo goderne.

Isolina fu la prima ad andarsene, Piera la seguì due anni dopo e poi fu la volta di Agnese che morì nel 1983. Da pochi giorni, anche il suo ultimo figlio è deceduto. Mi piace pen-

2 Osteria

sarli ora riuniti in un posto dove non esistono né dolori, né lacrime.

Giacomina, l'ultima delle sorelle, fu colpita già da giovane da una forma di artrite deformante che le rese la vita sicuramente difficile. Ma anche lei non si lamentava mai. Lavorava in campagna accanto alla sorella Isola. Ho di lei un ricordo così vivo che mi sembra ancora di vederla percorrere la salita che dal *Piagn di Madònn*[3] portava al suo fienile. Giacomina con un grosso carico di fieno camminava adagio adagio, a causa delle sue ginocchia così ammalate che non si raddrizzavano più. Dopo la morte di Isolina, restò ancora qualche anno nella casa grande e quasi deserta. Poi fu ricoverata all'Ospizio di Maggia dove visse ancora a lungo, finché raggiunse le sorelle.

La casa fu venduta. Dapprima ospitò un piccolo negozio, poi di nuovo rivenduta a una coppia di Svizzeri tedeschi che, appena possono vengono a pulire, a svuotare, a grattare, riparare e rifare. Si vede che amano questa vecchia casa. Ultimamente mi hanno invitata a vedere il risultato di tanto lavoro. Ho varcato la soglia con grande rispetto come se ci fossero ancora le quattro donne che avevo conosciuto. Naturalmente l'arredamento è cambiato. Ma c'è ancora il fresco pavimento in piode di beola. Il camino con la gros-

---

3 Zona pianeggiante, di fianco alla strada cantonale, vicino all'Oratorio

sa soglia in sasso mi ricorda di quando, seduta sulla panca laterale, mi veniva offerto il caffè che sorbivo assieme alle due ultime abitanti. C'è ancora la scala esterna che porta nelle due camere al primo piano. I letti non sono più quelli di una volta, ma il pavimento grattato e lucidato ha ancora le assi originali e da una delle camere parte ancora la scala in legno che le quattro ragazze salivano per coricarsi nelle due camere al secondo piano. Camere grandi, porte-finestre che permettono di uscire sul balcone. Sono partita emozionata da quella casa.

Ora sono qui, seduta a scrivere davanti alla mia finestra.

Scorgo il camino, che per ora non fuma ancora, e mi accorgo che la solita coppia di cutrettole o ballerine, eleganti uccelli color bianco grigio, è tornata come tutti gli anni a nidificare fra le piode del tetto, quelle un po' smosse, proprio sotto il culmine. Comprendo allora che la casa non è mai stata completamente disabitata, anche se quelle creature alate non sono le stesse degli anni delle quattro sorelle, avranno certamente ereditato il nido, che da tanto tempo è sotto la protezione del tetto del *Pedro* e della *Menghina*.

# Das Haus der vier Schwestern

Ich sitze am Küchentisch und schreibe.

Ich betrachte den Berg gegenüber. Ihn bedecken unzählige Birken mit Kronen von schönem, leuchtendem Grün. Die Kastanienbäume hingegen haben noch nicht vollständig ausgeschlagen. Unter den ständigen Regengüssen sind die wilden Kirschbäume nach kürzester Zeit schon verblüht. Heuer hat uns der Frühling noch übler als in den vergangenen Jahren mitgespielt. Oft verbarg er sich hinter schweren Regenwolken. Wenn er uns hie und da, doch selten genug, etwas Sonne schenkte, liess es der sie begleitende kalte Wind geraten scheinen, die Winterkleider noch nicht zu verstauen. Auf den Dächern der Nachbarhäuser sehe ich die grauen, vom Regen glänzenden Steinplatten. Der Kamin auf dem Dach des Hauses der vier Schwestern raucht seit Langem nicht mehr und zeugt von Verfall und Trauer.

Wie alle alten Menschen denke ich gern an die vergangenen Zeiten zurück. Daraus stechen hauptsächlich weibliche Figuren hervor. Sicher gab es auch die eine oder andere männliche Gestalt. Ihnen sollte, wie die Grossmutter empfahl, nicht allzu viel Vertrauen geschenkt werden, denn das konnte gefährlich sein. Abgesehen vom alten Onkel Luca, der uns ständig kritisierte, und vom fröhlichen Onkel Silvio, der zwar sehr gern, aber auch so falsch wie ein Blecheimer sang, wären als nähere männliche Verwandte die Cousins zu nennen. Sie waren jedoch keine Männer, sondern Kinder wie wir. Meine Familie setzte sich damals, nach dem Tod des Vaters, aus der Mutter, vier Schwestern und einem noch kleinen Bruder zusammen. Der alte Grossvater, der liebenswürdig und freundlich war, verliess sein Haus nie, so sehr beugten ihn seine schmerzhaften Altersgebrechen.

Das weibliche Element hingegen war stark vertreten mit Müttern und Tanten, mit der Grossmutter, der Grosstante und mit allen den Frauen, denen ich draussen auf den Feldern begegnete, wo sie Heu machten, umgruben und Mist schleppten. Es war eine Welt, in der, wie bei den Ameisen, die Arbeit nie ruhte. Auf die Steinbänke vor der Haustür setzten sich abends die müden Frauen und die Grossmütter, die betrübt sagten, sie seien «nichts mehr wert» – die einen, um auszuruhen, die anderen, um sich noch zugehörig zu fühlen zu dieser bäuerlichen Welt, deren Hauptdarstellerinnen sie einst gewesen waren. Neugierig, wie ich war, hörte ich ihrem Geplauder mit Vergnügen zu. Hie und da sass auch ein alter Mann, schweigsam und mit der Pfeife im Mund, auf der Bank seiner Familie, wie es ihm zustand.

So lernte ich Erminia, genannt *Menghina*, und deren Mann *Pedro Baciac* kennen. Erminia war eine kleine, rundliche Frau. Sie lachte gern und redete mit allen, die vorübergingen. Er hingegen sprach wenig, ich erinnere mich nicht einmal an den Klang seiner Stimme. Wie viele andere waren auch sie Bauern. Ein paar Kühe, dazu Ziegen, Schafe, Hühner, viel Land im Tal und am Berg. Zusammen mit einem Compagnon versuchte er mit dem Kauf und Verkauf von Vieh Geschäfte zu machen. Es sieht allerdings danach aus, als hätten ihm zum Händler sowohl das Talent als auch der Spürsinn gefehlt. Nun, an einem Donnerstag brachte er eine hinkende Kuh nach Locarno zur Piazza Castello auf den Viehmarkt. Er verkaufte sie und kehrte mit ein paar Fünflibern mehr im Portemonnaie nach Hause zurück. Einige Monate später begab er sich wiederum auf den Markt und hoffte auf ein gutes Geschäft. Da sah er eine Kuh, die ihm gefiel, und kaufte sie, doch als er sich auf den Heimweg machte, stellte er fest, dass die Kuh hinkte. Es war dieselbe, die er ein paar Monate zuvor verkauft hatte! Seine Erminia, eine Frau mit wachem Verstand, sagte zu ihm: «Lass die Geschäfte bleiben und kümmere dich um die Felder! Wir haben vier Töchter, denen kannst du viel beibringen.»

Isolina, Piera, Agnese und Giacomina, das waren die vier Schwestern im Haus mit dem Kamin, aus dem kein Rauch mehr steigt.

Isolina wurde 1894 geboren, im selben Jahr wie mein Vater. In meinen Erinnerungen ist sie immer alt gewesen. Klein und mager, stets in dunklen Kleidern und mit vorzeitig ergrauten Haaren, ernst und streng, hatte sie arbeiten gelernt, als sei sie der Mann im Haus. Geheiratet hatte sie nicht. Sie war sehr fromm und fehlte in keinem Gottesdienst. Nach der Sonntagsmesse unterrichtete sie uns Kinder mit grossem Eifer und grosser Strenge in Bibelkunde. Sie betreute Sterbende und kleidete die Toten ein. Sie war es auch, die während der Totenwache im Haus der Verstorbenen jeweils den Rosenkranz betete. Diese Gebete dauerten immer lange mit all den vielen Requiem, und uns Kindern fiel es schwer, die Augen offen zu behalten.

Zu diesen langen Gebeten fällt mir noch eine Geschichte ein: Es war eines Abends im Haus von *Toni Tolat*. Dessen Frau ruhte eingeschlossen im Sarg, der dort auf dem Tisch in der rauchgeschwärzten Küche stand, die eine von der Decke herabhängende, schwache Glühlampe nur notdürftig beleuchtete. Meine Cousine und ich sassen auf der Bank unter einem Bord, das die ganze Breite der Wand einnahm und worauf frische kleine Käse zum Trocknen gelegt worden waren. Sie tropften noch, und zwar direkt auf unsere Köpfe herab. Wir versuchten zur Seite zu rücken, aber es war unmöglich. Ein Lachkrampf packte uns, so komisch kam die Situation uns vor. Dass das während einer Totenwache passierte, war nun wirklich beschämend. Wir standen auf und verliessen unter den nichts Gutes verheissenden Blicken unserer Mütter den Raum. Als wir draussen in der kalten, vollkommen dunklen Nacht standen, konnten wir unserem aberwitzigen Gelächter freien Lauf lassen, bis uns die Tränen kamen.

Ich komme nun auf Isolina zurück und denke an ihre wunderschöne Stimme, die ich hörte, wenn sie während des Gottesdienstes Kirchenlieder sang, vor allem aber erinnere ich mich daran, wie viel sie arbeitete. Als die Eltern alt und müde wurden, fiel ihr die Rolle des Familienoberhauptes zu. Sie schnitt die Reben und band sie auf, mähte Gras im Tal und oben in den Bergen, füllte die Heuschober und besorgte das Vieh, schleppte Mist, um die Kartoffel- und Maisäcker zu düngen. Sie war ruhelos tätig, zuerst von ihrer Schwester Giacomina unterstützt, später – zum Glück – von ihren Neffen und Nichten.

Jawohl, von ihren Neffen und Nichten. Denn Piera und Agnese heirateten. Piera, 1897 geboren, heiratete Prospero aus *Vinzòtt* (Avegno di Fuori) und lebte fortan im Haus ihrer Schwiegermutter und ihrer Schwägerinnen. Wenn früher ein Mädchen heiratete, zog sie fast immer zu den Eltern des Ehemannes und brachte Respekt, Jugendlichkeit und frische Arbeitskraft ins Haus dieser Familie.

Drei Kinder kamen zur Welt. Das alte Haus war nun zu klein, so konnte die junge Familie ein neues kaufen, «für dreitausend Franken», wie Prospero stolz sagte. In diesem Haus hatten sie die Kinder, und die Jüngste von ihnen wiederholt es immer gern: «Reich waren wir nicht, aber am Essen fehlte es nie.»

Agnese, Jahrgang 1900, verheiratete sich mit ihrem Cousin Antonio, genannt *Tonin*. Er war nach Amerika ausgewandert und dann wieder in die Heimat zurückgekehrt, wahrscheinlich mit einigen Ersparnissen. Das Ehepaar lebte ein paar Jahre lang mit der alten Mutter von *Tonin*, dann baute sich dieser, war er doch ein guter Maurer, eine neue Bleibe in der Nähe des Hauses von Agneses Familie.

Ich kannte einige dieser Auswanderer, die wieder zurückgekehrt waren, nachdem sie – der eine mehr, der andere weniger – ihr Glück gemacht hatten: *Tonin*, *Zepp Rianda*, *Iacom*, Florindo und sein Bruder *Gido*; Beniamino, die beiden Battista mit Übernamen Bob, Plinio, *Gin*, *Cécch Molèta* und *Tantepia*.

Wer etwas Geld mitbrachte, heiratete und baute sich ein Haus, die anderen begnügten sich damit, die Vergangenheit zu beschwören. Und wie viel sie zu erzählen hatten! Mit offenem Mund lauschten wir Mädchen diesen Abenteuern. Sie liessen uns davon träumen, verreisen zu können und diese grossen Ländereien zu sehen, auf denen Hunderte von Kühen weideten. Wie war es möglich, so viel Vieh zu besitzen, während man hier, um ein paar Tiere halten zu können, das ganze Jahr über arbeiten musste? Tonin erzählte gewöhnlich nicht sehr viel, doch wenn er mit seinen Kumpanen im Grotto sass, dann nahmen die Kühe an Zahl noch zu, und Kartoffeln, Zwiebeln und Karotten wurden so gross, wie man hier noch nie welche gesehen hatte. Und der Traum in unseren Köpfen nahm dieselben Ausmasse an wie die Früchte jener fremden Erde.

Bald schon trat das Leid in Agneses Leben. Zwei zu früh auf die Welt gekommene Zwillinge überlebten nicht. Ausser verschiedenen Fehlgeburten hatte sie immerhin zwei Jungen und zwei Mädchen. Ein tragischer Unfall aber entriss ihr einen Sohn und dessen Frau und machte drei Kinder zu Waisen. Einige Jahre danach starb die jüngste Tochter mit wenig mehr als dreissig Jahren. Ich habe Agnese dieser seelischen Wunden wegen nie weinen sehen, trotzdem kann ich ihren Schmerz nachfühlen, weiss ich doch, wie qualvoll der Verlust eines Kindes ist. Diese Frau, die damals bereits alt und seit Langem Witwe war, ist mir als ein stets freundlicher, grosszügiger und lächelnder Mensch in Erinnerung. Auf dem Rückweg vom Hühnerstall kam sie an unserem Haus vorbei, und wenn sie dann meinen Kindern begegnete, schenkte sie ihnen jeweils Eier. Noch klarer ist die Erinnerung an die zuckersüssen Aprikosen, die sie von einem grossen Baum in ihrem Garten erntete und von denen sie uns jedes Jahr einen Korb voll auf den Küchentisch stellte, damit auch wir davon kosten konnten.

Isolina starb als Erste, zwei Jahre darauf folgte ihr Piera nach, und 1983 war schliesslich Agnese an der Reihe. Vor wenigen Tagen ist auch deren jüngster Sohn verschieden. Mir gefällt die Vorstellung, sie seien nun an einem Ort vereint, wo es kein Leid und keine Tränen gibt.

Giacomina, die jüngste der Schwestern, litt schon als junges Mädchen an einer entstellenden Form von Arthritis, die ihr das Leben bestimmt erschwerte. Doch auch sie klagte nie. Sie arbeitete neben ihrer Schwester Isolina auf den Feldern. An sie habe ich so lebhafte Erinnerungen, dass ich noch zu sehen meine, wie sie jeweils den Abhang vom Pian della Madonna[1] zu ihrem Heuschober emporstieg. Mit einem schweren Fuder Heu beladen, ging Giacomina ganz, ganz langsam – wegen ihrer Knie, deren Zustand so schlecht war, dass sie sie nicht mehr strecken konnte. Nach Isolinas Tod blieb sie noch ein paar Jahre in dem grossen, fast menschenleeren Haus. Dann wurde sie nach Maggia ins Heim überbracht, wo sie noch lange Zeit lebte, bis auch sie sich bei ihren Schwestern einfand.

Das Haus wurde verkauft. Anfangs bot es einem kleinen Laden Platz, danach wurde es an ein Ehepaar aus der Deutschschweiz weiterverkauft, das wann immer möglich herkommt, um zu putzen, räumen, schleifen, reparieren und renovieren. Man sieht, dass die zwei dieses alte Haus lieben. Neulich luden sie mich ein, das Ergebnis von so viel Arbeit zu besichtigen. Mit Ehrfurcht überschritt ich die Schwelle, so als wären da noch die vier Frauen, die ich gekannt hatte. Die Einrichtung hat natürlich geändert. Aber der kühle Fussboden aus Gneisplatten existiert noch. Der Kamin mit der grossen steinernen Schwelle erinnert

---

1 Flaches, an der Kantonsstrasse liegendes Gelände, an dessen Rand auch die Kapelle Madonna del Rosario steht.

mich an damals, als ich jeweils auf der seitlichen Bank sass und mir Kaffee serviert wurde, den ich in Gesellschaft der beiden letzten Bewohnerinnen schlürfte. Die Aussentreppe, die in den ersten Stock zu den beiden Zimmern führt, ist noch vorhanden. Die Betten sind nicht mehr die gleichen wie einst, aber der geschliffene und gebohnerte Fussboden besteht noch aus den ursprünglichen Brettern, und immer noch beginnt in einem der zwei Zimmer die hölzerne Stiege, welche die vier Schwestern benutzten, um sich in den beiden Kammern des zweiten Stockes schlafen zu legen. Grosse Räume, Glastüren, durch die man auf den Balkon hinaustreten kann. Innerlich bewegt habe ich dieses Haus wieder verlassen.

Nun sitze ich hier vor meinem Fenster und schreibe.

Ich erblicke den Kamin – noch steigt kein Rauch aus ihm – und bemerke, dass das vertraute Bachstelzenpärchen, elegante, weiss-graue Vögel, wie jedes Jahr zurückgekehrt ist, um auf dem Dach zwischen leicht verschobenen Steinplatten zu nisten, gleich unterhalb des Firstes. Ich erkenne nun, dass das Haus nie vollständig unbewohnt war, und auch wenn diese gefiederten Geschöpfe nicht mehr die gleichen sind wie zur Zeit der vier Schwestern, so dürften sie doch das Nest ererbt haben, das seit Jahr und Tag vom Dach des *Pedro* und der *Menghina* fürsorglich beschützt wird.

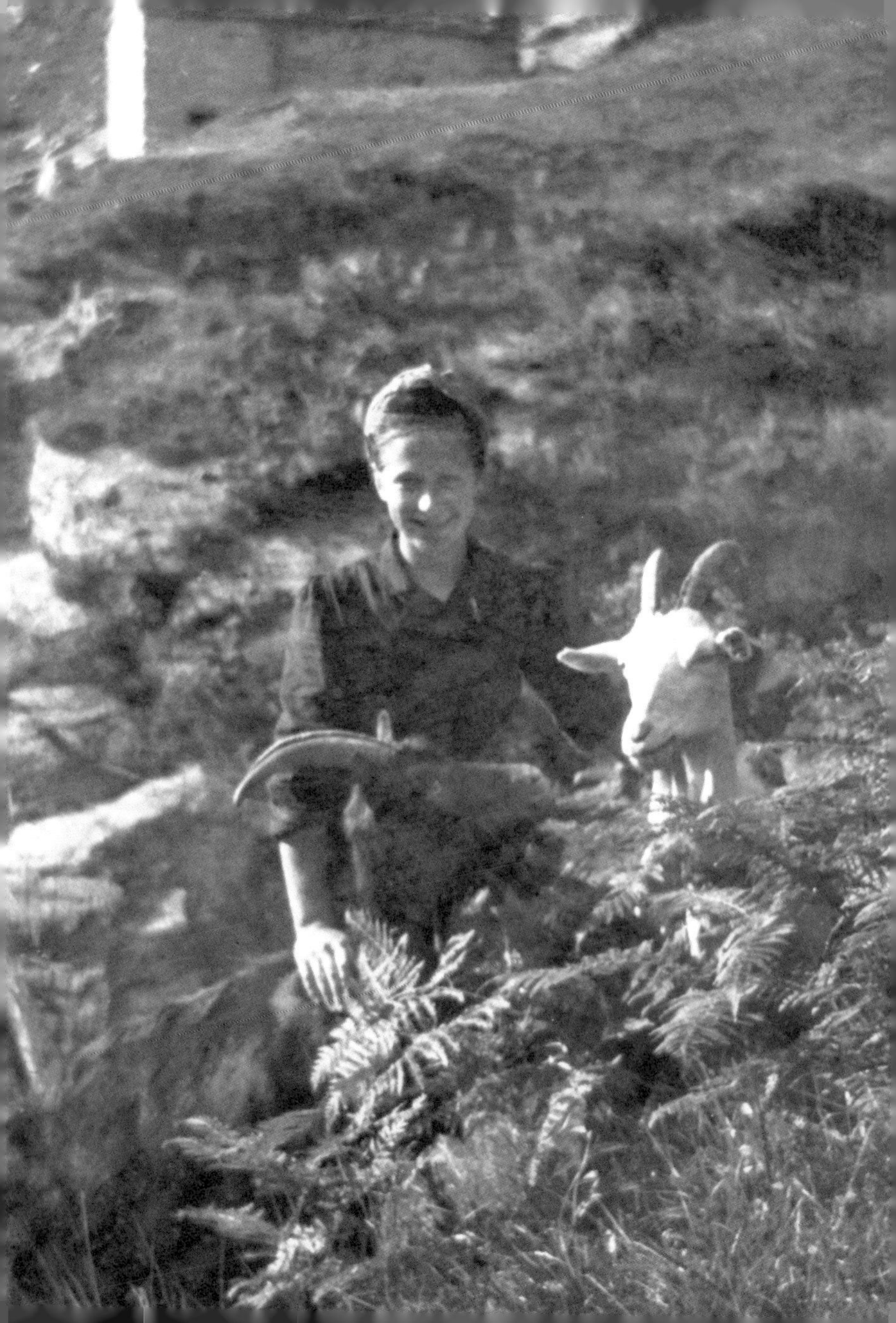

# Ritorno alla montagna

# Rückkehr in die Berge

L'Aurora, probabilmente a *Sciögna*, verso 1943.
«Terminai la scuola proprio quando incominciava la seconda guerra mondiale. Non c'era nessuna possibilità di continuare gli studi e, specialmente per le ragazze, di imparare una professione. Fummo risparmiati dalle bombe, ma non dalle privazioni né dalle fatiche. Tutti coloro che rimasero in paese, dopo la partenza degli uomini adulti verso le frontiere, dovettero assumersi anche i lavori più gravosi. E così donne, ragazzi e anziani divennero preziosi.» (S. 179)

Aurora, wahrscheinlich in *Sciögna*, um 1943.
«Gerade als ich aus der Schule kam, brach der Zweite Weltkrieg aus. Es war schlicht unmöglich, weiter in die Schule zu gehen oder – und das traf vor allem auf die Mädchen zu – einen Beruf zu erlernen. Von Bomben blieben wir verschont, nicht aber von Entbehrung und Mühsal. Nachdem die erwachsenen Männer an die Grenzen gerufen worden waren, mussten die im Dorf Verbliebenen alle Arbeiten übernehmen, auch die schwersten. Und so wurden Frauen, Jugendliche und Alte wertvoll.» (S. 185)

# Ritorno alla montagna

Ad un certo punto della mia vita ho odiato la montagna. Ho dovuto farlo perché senza questo rancore non avrei potuto lasciarla e avrei continuato a eseguire gli stessi lavori, sopportando le stesse fatiche, delle generazioni precedenti. Avrei continuato a calpestare i soliti sentieri di pietra, con i gradini spesso scavati nella roccia viva che portano in alto, senza le speranze di un futuro migliore.

Terminai la scuola proprio quando incominciava la seconda guerra mondiale. Non c'era nessuna possibilità di continuare gli studi e, specialmente per le ragazze, di imparare una professione. Fummo risparmiati dalle bombe, ma non dalle privazioni né dalle fatiche. Tutti coloro che rimasero in paese, dopo la partenza degli uomini adulti verso le frontiere, dovettero assumersi anche i lavori più gravosi. E così donne, ragazzi e anziani divennero preziosi. Anch'io allora conobbi la giornata del contadino che inizia all'alba e termina a notte. Ogni piccolo spiazzo erboso, ogni angolo di terra al piano o al monte venne sfruttato per la sopravvivenza di uomini e animali. Fu un continuo vangare, zappare, falciare e raccogliere. La montagna ci dava tutto quello che poteva darci (e non era un gran ché). In cambio pretese grandi fatiche e rispetto perché la mia montagna, con i suoi sentieri ripidi e faticosi, è un enorme blocco roccioso interrotto qua e là da piccoli spazi erbosi che danno un'erba ruvida e pungente, ma preziosa.

Poi la guerra finì.

Le ragazze raddrizzarono le spalle e la schiena dolorante per aver portato troppi pesi e andarono a lavorare in città. Non più peduli ma scarpette, non più vestiti scuri ma gonne e camicette colorate, non più trecce ma riccioli. E la montagna fu abbandonata. Anch'io partii. Desideravo qualche cosa di meglio, una vita nuova, meno faticosa. Voltai le spalle alla montagna e, quasi con rabbia, le dissi «Addio, a mai più!». Andai in una località pianeggiante, vicino ad un lago con un ampio orizzonte, dove la terra dell'orto era ben più fertile di quella che avevo lasciato. In quel posto restai a lungo.

Ma poi ritornai.

Cercavo la sicurezza della mia vecchia casa, del mio paese, volevo ancora sentire il profumo delle robinie e dei castagni in fiore, quello del fieno appena tagliato, calpestare le rocce calde di sole e ritrovare la protezione delle mie montagne. Era d'inverno, il freddo l'aveva spogliata: così potei ammirarla nella maestosa nudità che svelava tutte le sue pieghe e di ogni sperone faceva risaltare i colori in tutti i toni di bruni e grigi. La guardai a lungo, attentamente, scoprendo particolari che non avevo mai notato come la sagoma di strani animali o le figure di colossi incatenati per sempre nella pietra. Come il volto del gigante che, proprio dal versante di fronte alla mia casa, mi guarda quando sto seduta al tavolo di cucina: sembra triste e spoglio ma so che a primavera si adornerà di barba e capelli verdi.

Mi accorsi che non odiavo la montagna, anzi l'amavo e l'avevo sempre amata, anche se mi rifiutavo di ammetterlo.

Un giorno volli ripercorrere la strada della fatica che porta fin lassù. Non avevo carichi sulle spalle e mi sembrava di volare. I miei piedi ricordavano ogni passo, ogni scalino come se non li avessero mai lasciati. E anch'io ritrovai i ricordi, quelli belli, perché gli altri non esistevano più. Rividi i volti delle persone che allora incontravo accettando anche la tazza di caffè che mi offrivano. Ricordavo dove avevo trovato quel fiore bianco dal profumo di vaniglia. Rividi quello spuntone di roccia dove un giorno avevo scorto un grosso rapace appollaiato. Trovai ancora quell'antico castagno monco e cavo che si ostinava a buttar foglie a primavera e a donar frutti d'autunno. Il mio cuore si riempiva di gioia e mi sembrava di essere tornata ragazza con i piedi infilati nei peduli cuciti dalla nonna.

Quando arrivai al monte, dove avevo trascorso tanti mesi della mia infanzia, avrei desiderato riudire il campanaccio delle mucche e sentire l'odore del loro pelo inumidito dalla nebbia. Rividi il volto della nonna, quello dei cugini e ritrovai la gioia dei nostri giochi. La cascina testimone di una vita quasi primitiva era molto in disordine. Il focolare con la catena per appendere il paiolo era sempre lì nell'angolo ed esisteva ancora anche il lettone sostenuto da stanghe, che andavano da muro a muro, con sopra il saccone un tempo ripieno di foglie secche, adesso tutto sforacchiato dai topi. Sulla scansia mancavano le stoviglie, ma c'era ancora qualche cucchiaio infilato nei buchi del muro a secco. Mi trovai immersa in un'atmosfera di pace e seppi che dovevo offrire ai miei figli una tale esperienza di vita.

Riattata alla bella e meglio la cascina, riprovai l'antico gesto di riempire il saccone del letto di foglie secche e quello di preparare la scopa con i rametti di ginestra. Mostrando i luoghi migliori per trovar funghi e mirtilli, trasmisi agli altri l'entusiasmo, la passione e il rispetto per la montagna. So di esserci riuscita perché le loro cascine ora sono belle e il loro prato è sempre pulito. Vedo che sono felici di tornare lassù, appena gli impegni glielo permettono.

Io ho ereditato un'abitazione un po' più in alto dalla vecchia cascina. Nella casa c'è il letto, il tavolo, delle panche, il focolare e persino un armadio. La fontana con l'acqua fresca è poco lontana. Sono ormai nonna e bisnonna e le mie vecchie ginocchia non mi consentono più di percorrere la lunga strada per arrivarci. Ma grazie all'elicottero tutti gli anni posso concedermi una vacanza in solitudine lassù fra terra e cielo. Mi piace volare con l'elicottero e, quando questo mezzo mi depone presso l'uscio di casa, mi vien voglia di abbracciare il pilota per ringraziarlo. Quando apro la porta ritrovo tutto come l'ho lasciato l'anno prima. Mi sento a casa, in pace con me stessa e con tutto il mondo.

So che la mattina, quando uscirò sul prato, sentirò il bisogno di ringraziare il Creatore per la bellezza di questi luoghi. Mi riempirò i polmoni di aria fresca profumata di timo e ascolterò il silenzio che mi circonda. Ho tanto da guardare e ammirare. Da un lato potrò seguire una parte del percorso della Vallemaggia che in fondo si apre come un ventaglio per mostrarmi l'imponente catena del Basodino. Di fronte a me vedrò una fetta di lago azzurro e calmo, con i paesi sparsi sulle sue rive. Girando i capo ecco il villaggio posto all'entrata delle Centovalli con il suo alto campanile a far da sentinella. Molto più lontano, in fondo alla valle, nei giorni limpidi potrò intravedere lo splendore della cupola del Duomo di Ré. Manderò un saluto alla Vergine dalla fronte sanguinante e, continuando a esplorare l'orizzonte, gioirò alla vista dell'alta catena del Monte Rosa con in fondo le cime vallesane, dai nomi stranieri, sempre coperte di neve.

Mi sentirò commossa, piccola e grande nello stesso tempo. Piccola perché scompaio davanti a questa maestosità e grande perché mi sento parte di questa bellezza.

# Rückkehr in die Berge

Es gab in meinem Leben eine Zeit, da hasste ich die Berge.

Ich musste es tun, denn ohne diesen Groll hätte ich sie nicht verlassen können und hätte weiterhin die gleichen Arbeiten verrichtet wie die früheren Generationen und die gleichen Mühen auf mich genommen wie sie. Ich hätte weiterhin die gewohnten steinigen Pfade beschritten auf den oft in den Fels gehauenen Stufen, die einen in die Höhe führen, wäre aber ohne Hoffnung auf eine bessere Zukunft geblieben.

Gerade als ich aus der Schule kam, brach der Zweite Weltkrieg aus. Es war schlicht unmöglich, weiter in die Schule zu gehen oder – und das traf vor allem auf die Mädchen zu – einen Beruf zu erlernen. Von Bomben blieben wir verschont, nicht aber von Entbehrung und Mühsal. Nachdem die erwachsenen Männer an die Grenzen gerufen worden waren, mussten die im Dorf Verbliebenen alle Arbeiten übernehmen, auch die schwersten. Und so wurden Frauen, Jugendliche und Alte wertvoll. Auch ich lernte den Bauernwerktag kennen, der in der Morgendämmerung beginnt und in der Nacht endet. Jedes grasbewachsene Plätzchen, jedes Stückchen Erde im Tal oder am Berg wurde für das Überleben von Mensch und Tier genutzt. Unablässig wurde umgegraben, gehackt, gemäht und geerntet. Die Berge gaben uns alles, was sie hatten, doch viel war es nicht. Als Gegenleistung verlangten sie uns grosse Mühen und viel Respekt ab, denn mit ihren steilen und anstrengenden Wegen sind meine Berge ein einziger riesiger Felsblock. Da und dort nur wird er von einem grünen Fleck bedeckt, der ein raues und kratzendes, aber kostbares Gras hergibt.

Dann war der Krieg zu Ende.

Die jungen Frauen hoben die Schultern und streckten den Rücken durch, der vom allzu vielen Lastenschleppen schmerzte, und gingen in die Stadt arbeiten. Keine Stoffschuhe mehr, sondern elegante Damenschuhe; keine dunklen Kleider mehr, sondern Jupes und bunte Blusen; keine Zöpfe, sondern Locken. Und die Berge wurden sich selbst überlassen. Auch ich brach auf. Ich sehnte mich nach etwas Besserem, nach einem neuen, weniger beschwerlichen Leben. Den Bergen kehrte ich den Rücken und sagte ihnen beinah zornig Auf Nimmerwiedersehen. Ich zog in eine flache Gegend, in die Nähe eines Sees mit einem weiten Horizont. Dort war die Gartenerde um einiges fruchtbarer als dort, wo ich herkam, und an diesem Ort blieb ich lange.

Doch dann kehrte ich zurück.

Ich suchte die Sicherheit meines alten Hauses, meines Dorfes, wollte den Duft blühender Robinien und Kastanien oder von frischem Heu wieder riechen, wollte auf sonnenwarmen Felsen gehen und den Schutz meiner Berge wiederfinden. Es war Winter, die Kälte hatte sie entblösst, und so konnte ich sie in ihrer majestätischen Kahlheit bewundern; diese machte alle ihre Falten sichtbar und liess die Farben jedes Felssporns in allen ihren Braun- und Grautönen hervortreten. Lange und aufmerksam betrachtete ich sie und entdeckte dabei Einzelheiten, die ich nie zuvor beachtet hatte: Umrisse seltsamer Tiere oder die Gestalten für immer in den Fels gebannter Riesen. Oder das Gesicht des Giganten, der da, vom Abhang vor meinem Haus herab, auf mich niederblickt, wenn ich am Küchentisch sitze. Er sieht traurig aus und kahl, aber im Frühling wird er sich, das weiss ich, mit grünem Bart und Haar schmücken.

Ich merkte, dass ich die Berge nicht hasste, sondern im Gegenteil liebte und immer geliebt hatte, auch wenn ich es nicht wahrhaben wollte.

Eines Tages bekam ich Lust, wieder einmal auf dem Weg der Mühsal bis ganz hinauf zu steigen. Ich hatte keine Lasten zu tragen, und es war mir, ich würde fliegen. Meine Füsse erinnerten sich an jeden Schritt, an jede Stufe, so als seien sie niemals weg gewesen. Und auch ich fand meine Erinnerungen wieder, aber nur die guten, denn andere gab es nicht mehr. Ich sah die Gesichter der Menschen wieder, denen ich einst begegnet war und die mir eine Tasse Kaffee angeboten hatten. Ich erinnerte mich, wo ich die weisse, nach Vanille duftende Blume gefunden hatte. Ich sah die Felsnase wieder, auf der ich eines Tages einen grossen

Raubvogel kauern gesehen hatte. Und auch dem uralten, verkrüppelten, hohlen Kastanienbaum begegnete ich wieder, der sich nicht davon abbringen liess, jeden Frühling von Neuem auszuschlagen und jeden Herbst seine Früchte zu verschenken. Mein Herz war voller Freude, und mir war, ich sei wieder zum Mädchen geworden und meine Füsse steckten wieder in Stoffschuhen, die die Grossmutter genäht hatte.

Beim *monte*[1] angekommen, wo ich so viele Monate meiner Kindheit verbracht hatte, wünschte ich mir, ich hörte die Glocken der Kühe wieder läuten und röche ihr nebelfeuchtes Fell. Ich sah das Gesicht der Grossmutter und die Gesichter meiner Cousins wieder vor mir und empfand noch einmal die Freude, mit der wir einst gespielt hatten. In der Hütte, dieser Zeugin einer beinah primitiven Lebensweise, herrschte Unordnung. Die Feuerstelle mit der herabhängenden Kette für den Kochkessel befand sich noch in derselben Ecke; auch die Bettstatt, die von Mauer zu Mauer laufende Stangen stützten, existierte noch, und auf ihr lag der Sack, der einst mit trockenen Blättern gefüllt gewesen, doch jetzt von den Mäusen durchlöchert war. Im Regal fehlte das Geschirr, aber in den Fugen der Trockenmauer steckten noch ein paar Löffel. Eine friedvolle Stimmung umgab mich, und plötzlich wusste ich, dass ich

---

1   Vgl. S. 49, Fussnote 1

meinen Kindern diese Erfahrungen meines Lebens nicht vorenthalten durfte.

Nachdem ich die Hütte einigermassen instand gesetzt hatte, versuchte ich in alter Weise, den Bettsack mit trockenem Laub zu füllen und einen Besen aus Ginsterreisern zu binden. Indem ich den andern die besten Pilz- und Heidelbeerplätze zeigte, gab ich ihnen meine Begeisterung und Leidenschaft für die Berge und meinen Respekt vor ihnen weiter. Ich weiss, dass mir dies gelungen ist, denn heute sind ihre Hütten schön und ihre Wiesen immer gepflegt. Ich sehe, dass sie glücklich sind, wenn sie wieder da hinauf zurückkehren können, sobald ihre Verpflichtungen es ihnen erlauben.

Ich habe ein Gebäude geerbt, das etwas oberhalb der alten Hütte steht. In diesem Haus gibt es ein Bett, einen Tisch, Sitzbänke, eine Feuerstelle und sogar einen Kleiderschrank. Die Quelle mit ihrem frischen Wasser ist nicht weit entfernt. Inzwischen bin ich Grossmutter und Urgrossmutter geworden, und meine alten Knie gestatten es mir nicht mehr, den langen Weg bis dorthin zu Fuss zurückzulegen. Doch dank dem Helikopter kann ich mir da oben in dieser Einsamkeit zwischen Himmel und Erde alljährlich Ferien leisten. Ich geniesse es, mit dem Hubschrauber zu fliegen, und wenn dieser mich beim Hauseingang absetzt, möchte ich den Piloten vor Dankbarkeit umarmen. Öffne ich die Tür, finde ich alles wieder so vor, wie ich es vergangenes

Jahr zurückgelassen habe. Ich fühle mich zu Hause, mit mir selbst und der ganzen Welt versöhnt.

Und ich weiss: Wenn ich am Morgen auf die Wiese hinaustreten werde, werde ich das Bedürfnis empfinden, dem Schöpfer für die Schönheit dieser Gegend zu danken. Dann fülle ich meine Lunge mit frischer, nach Thymian duftender Luft und lausche der Stille, die mich umfängt. Es gibt so viel zu sehen und zu bestaunen. Auf der einen Seite überblicke ich dann den Verlauf des Maggiatals, das sich hinten wie ein Fächer öffnet, um mir die mächtige Basodino-Gruppe zu zeigen. Mir gegenüber sehe ich ein Stück des blauen, ruhigen Sees mit den an seinen Ufern hingestreuten Dörfern. Und drehe ich den Kopf, erblicke ich am Eingang zum Centovalli das Dorf mit dem hohen Kirchturm, der da Wache steht. In weiter Ferne werde ich an klaren Tagen den Glanz der Domkuppel von Re erahnen können. Der Jungfrau mit der blutenden Stirn sende ich einen Gruss, suche den Horizont weiter ab und erfreue mich am Anblick der hoch aufragenden Kette des Monte Rosa, der stets schneebedeckten Walliser Gipfel mit den fremden Namen.

Ich werde tief bewegt sein und mir zugleich gross und klein vorkommen: klein, weil ich vor dieser Erhabenheit verschwinde, und gross, weil ich spüre, ein Teil dieser Schönheit zu sein.

# Bibliografia
# Bibliografie

ANTONINI FRANCESCA et al.: *Repertorio toponomastico ticinese. Avegno.* Centro di ricerca per la storia e l'onomastica ticinese. Zürich (1991).

ARIGONI NICOLA et al.: *RID. Repertorio italiano-dialetti.* Centro di dialettologia e di etnografia. Bellinzona (2013).

# Ringraziamenti

# Dank

Ringraziamo il Patriziato di Avegno e la Casa nell'Arte per i generosi contributi a questa pubblicazione.
Ringraziamo Pro Helvetia, la Fondazione svizzera per la cultura, per il prezioso sostegno alla traduzione.

Wir danken der Ortsbürgergemeinde Avegno und Casa nell'Arte für die grosszügigen Beiträge an diese Publikation.
Pro Helvetia, der Schweizer Kulturstiftung, danken wir für die wertvolle Unterstützung der Übersetzung.

prohelvetia

# Colophon

Trascrizione e rilettura: Magda Verzaroli
Coordinamento e correzione: Giancarlo Verzaroli
Fotografie: Archivio Bruna Martinelli e famiglia Lanzi, Avegno
Produzione e composizione: pudelundpinscher
Tipo di carattere: Simoncini Garamond
Stampa: Tipografia Stazione SA, Locarno
Rilegatura: Legatoria Mosca SA, Lugano

© 2014 Maritz & Gross,
edition pudelundpinscher, Erstfeld
www.pudelundpinscher.ch
ISBN 978-3-906061-04-7

Imprimé en Suisse
Printed in Switzerland

# Impressum

Übersetzung: Andreas Grosz
Übersetzungskontrolle: Geri Balsiger
Fotografien: Archiv Bruna Martinelli und Familie Lanzi, Avegno
Herstellung und Satz: pudelundpinscher
Schrift: Simoncini Garamond
Druck: Tipografia Stazione SA, Locarno
Bindearbeiten: Legatoria Mosca SA, Lugano


© 2014 Maritz & Gross,
edition pudelundpinscher, Erstfeld
www.pudelundpinscher.ch
ISBN 978-3-906061-04-7

Imprimé en Suisse
Printed in Switzerland

Finito di stampare il 16 ottobre 2014, giorno di sant'Edvige